AF234233

MAGASIN THÉÂTRAL.
CHOIX DE PIÈCES NOUVELLES

Prix : **20** centimes

BARBRÉ, ÉDITEUR
BOULEVARD SAINT-MARTIN, 12.

LES PILULES DU DIABLE

FÉERIE EN TROIS ACTES ET VINGT TABLEAUX

PAR

MM. FERDINAND LALOUE, ANICET BOURGEOIS ET LAURENT

REPRÉSENTÉE POUR LA PREMIÈRE FOIS, A PARIS, SUR LE THÉÂTRE NATIONAL DU CIRQUE-OLYMPIQUE, LE 16 FÉVRIER 1839.

DISTRIBUTION DE LA PIÈCE.

....BERTI, jeune peintre français . . . MM. HENRI.	
....VRE, son domestique . . . ABEL.	
....TEZ, badaud . . . LAURENT.	
SERINGUINOS, apothicaire . . . HICKS.	
BABILAS, garçon apothicaire . . . RAYMOND.	
RODRIGUEZ, alguazil . . . FERDINAND.	
FIGARO, perruquier . . . SIGNOL.	
BERNADILLE . . . ARNOLD.	

UN DOCTEUR . . . . MM. VERDIER.	
UN ALGUAZIL . . . . } LÉCOLLE.	
UN PORTEUR	
UN MARCHAND DE VINS . . . . MILLOT.	
UN FOU . . . . KING.	
UN OUVRIER . . . . } ARS.	
UN FOU	
UN HOMME DU PEUPLE . . . . MARCELIN.	

ISABELLE, fille de Seringuinos . . . Mmes FAJET.	
LA FOLIE . . . . ROCHERON.	
LA SORCIÈRE . . . . DELILLE.	
MARCELINE, servante de Seringuinos . AIMÉE.	
UNE BLANCHISSEUSE . . . . . CHARLES T.	
UNE AUTRE BLANCHISSEUSE . . ROSALIE.	
UN ÉCOLIER . . . . ESTHER.	

Peuple, Valets, Alguazils, etc.

ACTE PREMIER.

PREMIER TABLEAU.

Une boutique d'apothicaire, un comptoir, des mortiers et tous les détails d'une officine. Une rue de Madrid au fond.

SCÈNE PREMIÈRE.

SERINGUINOS, BABILAS, ISABELLE, Acheteurs.

CHOEUR D'ACHETEURS.

Air : *Vous allez quitter ces lieux.*

Vite, garçons, servez-nous
Vos remèdes les plus doux;
Pour guérir de tous les maux,
Vive Seringuinos!

SERINGUINOS, *quand les Acheteurs sont sortis.* Allez, mes braves gens, avalez ça, et vous m'en direz des bonnes nouvelles.

BABILAS. Il faut convenir, seigneur Seringuinos, que vous avez une drôle de méthode... la même bouteille pour les boiteux et les hydropiques.

SERINGUINOS. Babilas, mon ami, quoique mon premier élève, vous n'êtes qu'un sot! Quelle étiquette avez-vous mise sur ces petits flacons?

BABILAS. Remède universel.

SERINGUINOS. Eh bien, vous voyez que cela convient à tous les maux, depuis la brûlure jusqu'à l'apoplexie.

BABILAS. Je vous demande pardon, je ne savais pas...

SERINGUINOS. Parbleu! Il y a bien autre chose que vous ne savez pas. Jeune homme, quand vous aurez passé comme moi quarante ans à manipuler les substances...

BABILAS. Dam! je connais déjà ta rhubarbe, le quinquina, le séné, la casse.

SERINGUINOS. La casse! la casse!... tu connais trop la casse! témoins ces deux grands bocaux que tu as mis en mille morceaux.

ISABELLE, *au comptoir.* Mon père, voici la recette d'aujourd'hui : six ducats, quinze réaux et trois maravédis.

SERINGUINOS. C'est bien, signora! laissez là tous ces papiers et donnez-moi la clef de ma caisse.

ISABELLE. Mais pour demain, mon père?

SERINGUINOS. Demain vous ne descendrez pas la boutique.

ISABELLE. Pourquoi donc, mon père?

SERINGUINOS. Vous me le demandez, quand vous projetez un mariage avec un jeune peintre français, un homme qui ne s'occupe que de portraits... vous, la fille d'un apothicaire! c'est une mésalliance.

ISABELLE. Mais qui vous a dit...?

SERINGUINOS. Cette lettre que j'ai saisie au passage, et que portait un gros balourd de domestique.

ISABELLE. Que ce Magloire est bête!

SERINGUINOS, *lisant.* « Ma chère Isabelle, si re-

« un vieil imbécile de père... »

BABILAS. Imbécile!

SÉRINGUINOS. Oui, pardieu! il y a imbécile en toutes lettres. Est-ce que tu me trouves imbécile, toi, Babilas?

BABILAS. Pas plus que moi.

SÉRINGUINOS. Diable! mais c'est déjà trop!... Enfin, passons. (Lisant.) « Ta, ta, ta... ce père « ne consent pas à notre union, je vous enlève « pour vous arracher aux persécutions de Sotti- « nez, cet hidalgo ridicule que l'on veut vous « donner pour époux, et nous irons en France, où « l'amour et le bonheur nous attendent. Albert. » Ceci, signora, me paraît assez clair... qu'en dites-vous?

ISABELLE. Je dis que je ne puis empêcher ce jeune Français d'avoir de l'amour pour moi.

SÉRINGUINOS. Oui; mais moi je puis l'empê-cher de vous enlever... n'est-ce pas, Babilas?

BABILAS. Vous en avez le droit.

SÉRINGUINOS. Je puis vous forcer à épouser le seigneur Sottinez.

ISABELLE. O mon père! n'y comptez pas... j'aimerais mieux mourir.

SÉRINGUINOS. Laissez-moi donc tranquille... est-ce qu'on meurt pou[r] épouser un homme un peu moins beau qu'un autre? Avec Sottinez vous au-rez une grande maison, des laquais, des fêtes, des repas...

ISABELLE. Tout ce que vous voudrez; mais je vous déclare que je déteste le seigneur Sottinez, y compris sa grande maison, ses fêtes et ses la-quais.

SÉRINGUINOS. Signora, je suis votre père; n'est-ce pas, Babilas?

BABILAS. Je vous l'ai toujours entendu dire.

SÉRINGUINOS. Or, comme un père qui a une fille doit avoir sur elle une certaine autorité, je jure ici... écoute bien, Babilas; je jure que vous épouserez le seigneur Sottinez, ou que vous en-trerez à l'instant même au couvent.

ISABELLE. Entre deux ennuis je choisis le moin-dre... j'irai au couvent.

SÉRINGUINOS. Je vais donner une ordonnance à la supérieure et vous serez incarcérée suivant la formule.

ISABELLE. Tout ce que vous voudrez.

SÉRINGUINOS. J'attends le seigneur Sottinez. Peut-être devant lui prendrez-vous un autre parti. Qu'en penses-tu, Babilas?

BABILAS. Je ne pense pas, je fais un cornet... absorbe toutes mes idées.

SÉRINGUINOS. C'est juste; on ne peut pas avoir la tête à tout. Ah! qu'un père serait heureux s'il n'avait pas d'enfant!

SCÈNE ..

Les Mêmes, SOTTINEZ, suivi de quatre laquais.

SÉRINGUINOS, allant à lui. Ah! seigneur hidalgo, que je suis heureux de vous voir!

SOTTINEZ. Je le crois; c'est ce que l'on me dit toujours quand je me présente... Laquais, tenez-vous à distance respectueuse. Et la charmante Isabelle, éprouve-t-elle aussi quelque plaisir à me voir?

BABILAS, à part. Oui, à le voir loin.

SÉRINGUINOS, embarrassé. Il y a plaisir et plai-sir. Celui qu'elle éprouve n'est pas de nature à se laisser voir... la pauvre petite est si timide!

SOTTINEZ. Pourquoi donc, jolie signora? De la timidité avec un homme qui se dit votre esclave, qui met à vos pieds sa personne, ses biens, ses titres!

ISABELLE. D'abord, seigneur hidalgo, je ne suis pas timide; je dis assez nettement ce que je pense; c'est pourquoi je vous engage à remettre vos biens, vos titres et votre personne aux pieds de mon père, si cela l'amuse, et à me laisser, moi, par-faitement tranquille, attendu que je ne vous aime pas, et qu'il est probable que je ne vous aimerai jamais.

SOTTINEZ. Ah çà, dites donc, brave et digne apothicaire, voici une déclaration que je trouve peu galante.

BABILAS, à part. Elle lui a bien dit cela, la pe-tite!

SÉRINGUINOS, se retournant. Allez tourner vos cornets, Babilas. Tenez, seigneur Sottinez, quand les petites filles sont grandes, on ne les reconnaît plus; on devrait les marier en bas âge pour en être le maître... Ma fille était mon plus bel ou-vrage; je m'étais plu à la composer moi-même pour en faire l'ornement de mes cheveux blancs, et voici qu'elle m'outrage, qu'elle me baloue, et qu'en un mot, elle me fait passer pour une gana-che, n'est-ce, Babilas?

BABILAS. Oui je trouve que ganache est le mot propre.

SÉRINGUINOS. J'en étais sûr... c'est révoltant! nous nous verrons, Isabelle! Isabelle! vous allez voir... Approchez ici, signora.

ISABELLE, quittant le comptoir. Me voici, mon père.

SÉRINGUINOS. Une fois, deux fois, trois fois, vou-lez-vous épouser le seigneur Sottinez?

ISABELLE. Encore moins trois fois qu'une fois; je ne veux pas l'épouser du tout. J'aime Albert et je ne serai jamais qu'à lui.

SOTTINEZ. Qui est cet Albert?

SÉRINGUINOS. C'est un peintre.

SOTTINEZ. Bien! c'est un gueux... je m'en dou-tais; les jeunes filles aiment toujours ses drô-les-là.

SÉRINGUINOS. C'est votre dernier mot, signora?

ISABELLE. Mon dernier, à moins que vous ne vouliez encore celui-ci: c'est que plus je vois monsieur, plus je me fais un devoir de le dé-tester.

SÉRINGUINOS. Eh bien, à l'instant même vous allez partir pour le couvent de la Visitation, et nous verrons là si M. Albert vous fera parvenir des billets doux.

ISABELLE. Je suis prête. Du moins si je ne vois pas Albert, je n'aurai pas les visites du seigneur Sottinez, et il y aura compensation.

SÉRINGUINOS. Marceline! Marceline!

MARCELINE. Voilà!

SÉRINGUINOS. Descendez la cape et la mantille de la signora, et dites à Paquita la cameriste qu'elle accompagnera sa maîtresse.

MARCELINE. J'y vais.

SOTTINEZ. Mes laquais sont là, ma litière est à deux pas, si vous vouliez en disposer pour con-duire la signora; c'est une preuve d'estime que je vous donne, apothicaire, pour votre conduite courageuse en cette circonstance.

SÉRINGUINOS. Ah! mais c'est que je veux qu'on sache que je suis le maître. (À part.) Quelque-fois le couvent rend les filles douces comme un mouton; j'en ai déjà essayé.

SÉRINGUINOS, à Marceline, qui rentre. Allons, dépêchons; mettez-lui sa cape, son voile, et par-tons.

ISABELLE, en sortant. Adieu, Babilas; si tu vois Albert, dis-lui que j'ai préféré le couvent au mari qu'on me présentait, et que je ne demande pas mieux que d'être enlevée pour échapper à l'ennui des poursuites de don Sottinez.

SÉRINGUINOS, à Babilas. Si tu dis un mot, je te chasse... Surveille bien la maison, et si Al-bert paraissait ou son domestique Magloire... réunissez-vous tous, et chassez-les.

Ils sortent.

SCÈNE III.

BABILAS et les Garçons.

BABILAS. Il est bon enfant, le patron... chas-ser ici!... avec ça qu'il a l'air d'un gaillard à se laisser chasser, le seigneur Albert... Aller donc mettre la main sur lui, pour attraper un grand coup d'épée dans la poitrine; et puis maî-tre Séringuinos me fera prendre de son remède universel; j'en fais toute la journée de son re-mède universel... quinze parties d'eau entière-ment claire sur une partie de mélasse: avale ça, compte là-dessus, et va te faire enterrer... Quant à Magloire, c'est une autre affaire... voilà les gens que j'aime... bien bête... bien poltron... c'est agréable au moins, on sait à qui l'on parle.

SCÈNE IV.

Les Mêmes, MAGLOIRE.

MAGLOIRE, entrant tout effaré. Cachez-moi, mes amis, cachez-moi dans un bocal, dans un mortier, dans un cornet, dans ce que vous vou-drez.

BABILAS. Eh bien, qu'est-ce qu'il y a donc?

MAGLOIRE. Vous ne les voyez pas venir?

BABILAS, regardant dans la rue. Je ne vois per-sonne.

MAGLOIRE. Bien sûr?

BABILAS. Bien sûr! d'ailleurs il est midi; ce n'est pas à cette heure-là qu'à Madrid on voit du monde dans les rues.

MAGLOIRE. Voilà précisément ce qui est cause de mon malheur.

BABILAS. Il est fou!

MAGLOIRE. Est-il bête, lui!... il ne voit pas que j'ai peur, et que ça vous donne un air... Ah! braves commis apothicaires, si vous saviez quelle aventure!... Je venais ici tout bonnement comme quelqu'un qui marche devant lui... j'entends crier, mais c'était un cri qui ne ressemblait pas à celui des hommes... c'était un chien... on ve-nait de lui marcher sur la patte... j'étais ému comme tout chrétien doit l'être; tout à coup ar-rivent trois grands coquins de laquais qui sortent de la maison du grand inquisiteur. C'est toi qui as marché sur la patte de Bibi, car à midi, il n'y a dans les rues que des Français ou des chiens... nous allons t'assommer... Après un argument comme celui-là... Il n'y avait rien à répondre... j'ai vu que j'étais dans mon tort... je me suis sauvé; ils m'ont poursuivi jusqu'au coin de la rue; il était temps que j'arrivasse, cher Babilas! De grâce, que se peut-il qu'on me fasse?

BABILAS. Le cas est grave; diable! le chien du grand inquisiteur.

MAGLOIRE. Voyez-vous ça?

BABILAS. Est-ce que par hasard vous seriez hé-rétique?

MAGLOIRE. Non, je suis domestique.

BABILAS. Hérétique, domestique...

MAGLOIRE. Oui! c'est le laquais qui pourrait me compromettre... que faut-il faire?

BABILAS. Il ne faut plus venir dans notre quar-tier.

MAGLOIRE. Ce ne serait pas mal vu; mais j'ai affaire par ici tous les jours...

BABILAS. Chez nous, n'est-ce pas?

MAGLOIRE. Qui vous a dit ça?

BABILAS. Pour apporter des billets doux à ma-demoiselle Isabelle... malin!

MAGLOIRE. Oui, malin!... le père Séringuinos m'en a attrapé un jour.

BABILAS. C'est ce qui fait que mademoiselle Isa-belle est entrée au couvent aujourd'hui, et qu'en conséquence vous n'avez plus rien à faire par ici.

MAGLOIRE. C'est-il bien vrai?... Ah! mon pauvre maître, quelle désolation!... il est dans le cas de faire quelque malheur!... Mademoiselle Isabelle au couvent... bien, me voilà joli garçon; s'il apprend que c'est par ma faute, il est dans le cas d'escalader le couvent; il faudra que je le suive... ce sera pis encore que le chien de l'Inquisiteur... Guignard de pays, va!... j'ai déjà été suffisamment grillé par le soleil... je finirai quelque jour par être rôti tout à fait, à l'aide d'un cent de fagots... c'est une jolie perspective.

BABILAS. Ainsi vous vous jetez dans les intrigues.

MAGLOIRE. Moi!... en voilà une idée! c'est-à-dire qu'on m'y jette dans les intrigues, qu'on m'y précipite comme une victime... Dieu de Dieu, que je regrette Saint-Malo! là, du moins, on n'a de soleil que ce qu'il en faut pour sa consommation.

Air de la Colonne

Mon Saint-Malo, je t'aime à ma patrie!
Oui, pour mon cœur tu seul as de l'attrait!
Sur nos charbons je pense ici toujours;
Mon embonpoint, ta grâce, mon teint frais,
J'ai tout perdu, voir même nos noblets;
Laissez du moins, de pauvres créatures
Ne brûlent pas en l'honneur des saints;
Et si l'on voit flamber quelque fagots,
C'est jamais que pour frire des fritures!
Ah! qu'on fait là d' bonnes fritures!

SCÈNE V.

Les Mêmes, ALBERT.

ALBERT, à Magloire. Que fais-tu encore là, imbécile? Je t'avais dit de venir me retrouver au pharaon... ton retard est cause que mon dernier doublon a passé sous le râteau du banquier... je suis ruiné.

MAGLOIRE. Bien! Il ne nous manquait plus que cela.

ALBERT. Le destin est contre moi depuis quelque temps... s'il ne me restait Isabelle et son amour...

MAGLOIRE. Ah! monsieur, les femmes, c'est comme le jeu, il ne faut pas trop compter dessus.

ALBERT. Que veux-tu dire, drôle?

SERINGUINOS, qui entre avec Sottinez. Ce garçon veut dire qu'Isabelle va se marier, mon gentil cavalier.

ALBERT. Se marier! cela n'est pas vrai... et qui épouse-t-elle?

SOTTINEZ. Moi, don Sottinez de la Ribiera, d'Alcantara de la Siéra, et cetera, et cetera, il ira du grand inquisiteur!

ALBERT. Puissiez-vous le filleul du diable, par mon saint patron, Isabelle sera veuve avant d'être mariée. En garde et voyons si tous vos noms au bout l'un de l'autre pourront parer cette botte.

SERINGUINOS. Arrêtez!... Quoi, dans ma boutique!... répandre le sang dans un bocal destiné à secourir l'humanité!... A moi, mes garçons! arrêtez-vous, et retenez ce furieux.

ALBERT. Allons donc, mon brave, dégainez un peu, pour l'honneur de votre illustre généalogie.

SOTTINEZ. Avec un roturier! fi donc! Monsieur le peintre, vous viendrez chez moi me peindre en pied; c'est un cadeau que je veux faire à ma fiancée.

ALBERT. Je ne peins pas la caricature.

SOTTINEZ. Insolent!

SERINGUINOS. Rentrons, mon illustre gendre, laissons cet insensé.

SOTTINEZ. Je le ferai bâtonner par mes gens.

ALBERT. Moi qui n'ai pas de gens, je prendrai cette peine-là moi-même à la première occasion... comptez-y, seigneur Sottinez.

Seringuinos, Sottinez et ses garçons rentrent; il ne reste en scène qu'Albert, Magloire et Babilas.

SCÈNE VI.

ALBERT, MAGLOIRE, BABILAS, puis LA SORCIÈRE.

ALBERT, tombant sur une chaise. Ce moment de colère m'avait fait oublier ma douleur... Isabelle inconstante!... Je jeu trahissant toutes mes espérances... mes travaux arrêtés... est-on plus malheureux!

LA SORCIÈRE, en vieille femme. Jeune homme, voudriez-vous me donner une once de jus de réglisse... c'est pour mon catarrhe.

BABILAS. Asseyez-vous là, je vais vous servir.

ALBERT, continuant. Non, certainement, aucun homme n'a entassé plus de malheurs les uns sur les autres... Ingrate Isabelle... je me serais consolé de tout avec elle... j'aurais travaillé pour la rendre heureuse... elle m'aurait rendu l'amour de mon art... tout est fini, il faut terminer une vie qui ne me présente plus que des chagrins.

MAGLOIRE, qui a écouté. Que dites-vous, mon pauvre maître? et moi, que deviendrais-je sans vous?

ALBERT. Sois tranquille, je ne te laisserai pas seul dans ce pays maudit... tu mourras avec moi!

MAGLOIRE. Du tout, du tout! je veux bien vivre avec vous! mais pour ce qui est de mourir, j'aime mieux que vous me payiez mes gages et que vous me donniez mon congé.

ALBERT. Allons, mets-toi là, et causons raisonnablement. Qu'est-ce que la vie?

MAGLOIRE. Mais dam! c'est d'aller, venir, manger, boire, dormir; tout ça me va assez, moi.

ALBERT. Mais les chagrins, le travail, les coups de bâton?

MAGLOIRE. Quand j'ai du chagrin, je chante pour m'égayer; du travail, j'en fais le moins que je peux, et quand vous me faites l'honneur de me donner des coups de bâton, je me frotte les épaules, et le lendemain il n'y paraît plus.

ALBERT. Laisse-moi faire. Garçon! garçon, la pharmacie fournit plusieurs moyens à un homme qui veut se donner la mort, n'est-ce pas?

BABILAS. Sans doute, seigneur Français... mais pour qui?

ALBERT. Pour moi.

BABILAS, à part. Tiens, au fait, nous serions débarrassés de lui. (Haut.) Vous voudriez avoir quelque chose de prompt?

ALBERT. Comme la foudre!

BABILAS. Nous avons l'arsenic, qui est assez agréable!... nous avons l'opium, qui est aussi assez estimé!... nous avons l'acide prussique: c'est même ce que nous avons de mieux... je crois que vous seriez content de l'acide prussique, ça tue comme un coup de mousquet.

ALBERT. Va pour l'acide prussique... servez-vous-en pour deux, et bonne mesure! c'est moi qui paye.

MAGLOIRE. Un instant... je demande ma part en élixir de longue vie.

ALBERT. Tu ne seras jamais qu'un poltron.

MAGLOIRE. Je souhaite au moins l'être fort longtemps.

LA SORCIÈRE, qui a tout entendu. Tu veux mourir, jeune homme?

ALBERT. Oui, ma bonne femme, le plus tôt possible... j'ai été trahi par ma maîtresse... je ne possède plus rien... à quoi sert de vivre?

LA SORCIÈRE. Mais si je te faisais riche, si je te rendais ta maîtresse?

ALBERT. Oh! alors!...

LA SORCIÈRE. Mais si je te faisais plus puissant que le roi de toutes les Espagnes, serais-tu reconnaissant?

ALBERT. Sans doute.

LA SORCIÈRE. Viendrais-tu exactement au rendez-vous que je te donnerais?

ALBERT. Certes! ce rendez-vous fût-il au bout du monde.

LA SORCIÈRE. Attends alors. Jeune homme, fais-moi des pilules selon cette ordonnance.

BABILAS. Mais, ma bonne vieille, vous me demandez de faire fondre des choses que le feu le plus ardent ne saurait dissoudre.

LA SORCIÈRE. Je te fournirai le feu... Voici d'ailleurs quatre doublons pour toi.

BABILAS. A la bonne heure; mais si tout cela forme des pilules, le diable se fera apothicaire.

MAGLOIRE. Qu'est-ce que ça te fait à toi? tu aimerais mieux vendre ta drogue qui tue, n'est-ce pas? Je le déteste, ce petit pharmacien.

BABILAS, à la Sorcière. Voilà tout ce que vous m'avez demandé.

LA SORCIÈRE. Broyez le tout ensemble.

BABILAS, frappant. C'est impossible.

LA SORCIÈRE. Je t'ai promis le feu, le voilà. (Une flamme entoure le mortier.) Donne-moi les pilules, elles sont faites.

BABILAS. Comment les prendre dans ce mortier? Il doit être rouge.

MAGLOIRE. S'il pouvait se rôtir les doigts, j'en éprouverais une satisfaction intérieure.

LA SORCIÈRE. Il est froid; maintenant donne-moi les pilules (Babilas tout tremblant met la main dans le mortier, reste surpris en trouvant le mortier froid et les pilules faites. A Albert.) Tiens, mon ami, voici le talisman que je t'avais promis: quand tu désireras quelque chose, avale une de ces pilules, et ce que tu auras demandé, tu l'auras.

ALBERT. C'est une plaisanterie, tu te moques de moi... pourtant j'ai bien envie d'essayer sur Magloire.

MAGLOIRE. Je ne prendrai rien, merci... j'avais déjeuné avant de venir.

ALBERT. Tu auras toutes les richesses promises par la bonne femme.

LA SORCIÈRE, à Albert. Si tu hésites une minute à te servir d'une de ces pilules, elles perdront tout leur pouvoir. Allons, désire quelque chose, et avale ma pilule.

MAGLOIRE. Avalez, monsieur, avalez; la vieille a l'air bon enfant.

Seringuinos et Sottinez entrent dans la boutique.

ALBERT, apercevant Sottinez. Ah! parbleu, je vais bien voir. (Il avale une pilule.) Je désire que monsieur soit transformé en dindon; ça ne doit pas être difficile, car il en a déjà l'esprit.

Sottinez est transformé en dindon.

SERINGUINOS. Hein! qu'est-ce qui a laissé entrer un dindon dans ma boutique?... veux-tu t'en aller, vilaine bête!

Il le chasse à coups de pied, et sort avec lui.

MAGLOIRE. Fameux, fameux!... Oh! fameux!

LA SORCIÈRE. Me crois-tu, maintenant?

ALBERT. Et toutes les pilules ont la même vertu?

LA SORCIÈRE. Toutes.

MAGLOIRE. Monsieur, il y a bien longtemps que vous ne m'avez payé mes gages... donnez-moi une pilule... je vous tiens quitte... je veux me venger de ce petit goguenard de Babilas qui en conte à Paquitta et qui voulait me faire boire de l'acide prussique.

ALBERT. Tiens, mon garçon!

MAGLOIRE. Je ne peux pas vous dire tout haut ce que je désire, mais ça se fera tout de même, n'est-ce pas?

LA SORCIÈRE. Oui.

MAGLOIRE. Je vais vous le dire à l'oreille, à vous. (Il lui parle à l'oreille, avale une pilule; le mortier sur lequel est appuyé Babilas se change en une énorme seringue.) Ah! bien, très-bien! en voilà des pilules soignées!

LA SORCIÈRE. Eh bien, Albert, doutes-tu encore?

ALBERT. Une dernière épreuve; je veux être dé-

vant le couvent de la Visitation.
Aussitôt la boutique, la grande seringue disparaissent et le théâtre change.

DEUXIÈME TABLEAU.

Une place publique à Madrid; dans le fond, le portail avancé du couvent de la Visitation; à gauche et à droite, plusieurs boutiques; un marchand de vins avec cette enseigne : AU ROI DE MAROC.

SCÈNE PREMIÈRE.

ALBERT, MAGLOIRE, LA SORCIÈRE.

LA SORCIÈRE. Te voilà transp... té où tu désirais être.

MAGLOIRE. Voilà une manière de voyager : à la bonne heure, on ne sent pas les cahots.

ALBERT, étonné. C'est vrai... je suis bien devant le couvent de la Visitation... Bonne femme, ta puissance est grande.

LA SORCIÈRE. Je te la cède pour tout un jour... seulement à minuit, n'oublie pas le rendez-vous que je te donne.

ALBERT. Mais où te trouverai-je?

LA SORCIÈRE. Quand minuit sonnera, prononce seulement ces mots : Chez Sara la sorcière, et tu seras arrivé.

ALBERT. Compter sur moi.

MAGLOIRE. Ah! madame est sorcière... c'est un joli état... Si madame prenait des élèves, je la prierais de penser à moi... j'aurais, je crois, des dispositions... Il y a longtemps que madame exerce; car madame ne me paraît pas faite d'hier.

LA SORCIÈRE. Impertinent! (A Albert.) N'oublie pas mon rendez-vous!

MAGLOIRE. Tiens, j'irais bien aussi à son rendez-vous... C'est dommage qu'elle soit si laide.

LA SORCIÈRE. Ah! tu me trouves laide, toi... je m'en souviendrai.

Elle donne un soufflet à Magloire, elle le fait pirouetter; quand il se retourne, il a un nez énorme et rouge comme une écrevisse; la Sorcière disparaît.

MAGLOIRE, courant au trou dans lequel la Sorcière s'est enfoncée. Dites donc vous, la vieille! vous avez la main leste. (Portant la main à son nez.) Ah! mon Dieu, qu'est-ce que j'ai donc au milieu du visage?... Ce nez-là n'a jamais été à moi... elle m'a changé mon nez... mais je ne veux pas de celui-là... Hé! dites donc là-bas... rendez-moi donc mon nez, s'il vous plaît! (Une bouffée de flammes sort du trou.) Pouah! je suis sûr que c'est l'antichambre de l'enfer. (Le trou se referme.) Plus moyen de lui parler... qu'est-ce que je vais donc faire de ce nez-là?... regarde donc, monsieur.

ALBERT, occupé du couvent. Bah! bah! laisse donc: ce nez-là te va fort bien... je ne suis pas fâché d'ailleurs qu'on ne te reconnaisse pas... Si j'ai besoin de toi, cela sera plus commode.

MAGLOIRE. Vous pouvez être tranquille, je me ferais passer, que je ne me reconnaîtrais pas.

ALBERT. Tiens, ne vois-tu pas... derrière la grille du balcon?... c'est elle! c'est Isabelle.

MAGLOIRE. Monsieur, allons-nous-en... Vous allez faire encore quelque folie.

ALBERT. Je veux la voir... aide-moi à monter sur cette barrière.

MAGLOIRE, l'aidant. Ah! mon Dieu! si on venait!... Aïe!... aïe!...

ALBERT. Qu'as-tu donc, butor?

MAGLOIRE. Vous me donnez un grand coup de coude dans le nez.

ALBERT. Pourquoi mets-tu ton nez là?

MAGLOIRE. Où voulez-vous que je le mette? il faut s'habituer à manœuvrer une pièce de cette taille-là.

ALBERT, sur la barrière. Je ne puis aller plus haut. (Il descend.) Allons, essayons du pouvoir de mon talisman.

Il avale une pilule; en ce moment, la barrière devient échelle; Albert parvient jusqu'à Isabelle, qui le reçoit au balcon; Magloire veut le suivre, l'échelle redevient barrière, et Magloire reste dehors.

MAGLOIRE. Bien, il a emporté toutes les pilules... qu'est-ce que je vais devenir ici?... Justement, je vois un de nos ennemis se diriger de ce côté... c'est le petit Babilas... il paraît qu'il n'est plus dans son instrument hydraulique... j'aurais pourtant voulu que le seigneur Seringuinos s'en sortît pour faire quelques pratiques... Babilas aurait fait une drôle de mine.

SCÈNE II.

BABILAS, MAGLOIRE.

BABILAS. Ah! sorciers, mes gaillards, nous allons voir ce que le corrégidor va dire de vos diableries... transformer des hommes en dindon, en...

Il fait un geste indiquant la chose dont il parle.

MAGLOIRE. Il rage, le petit apothicaire; s'il allait me reconnaître... ô mon nez! cache-moi bien. Je dois avoir un profil monumental!

BABILAS. Dites-moi, mon garçon, n'est-ce pas ici que demeure monsieur le corrégidor?

MAGLOIRE, contrefaisant sa voix. Oui, mon ami.

BABILAS. Vous êtes peut-être son domestique?

MAGLOIRE. Oui, mon cher.

BABILAS. Est-il chez lui?

MAGLOIRE. Il est sorti.

BABILAS. Alors je vais l'attendre. Voulez-vous accepter un verre de vin de Porto et me tenir compagnie? Vous avez l'air d'un bon compagnon, et je vois à la couleur de votre nez que le vin ne vous déplaît pas et ne vous fait pas peur.

MAGLOIRE. J'accepte volontiers un verre de vin. (A part.) Je suis sauvé, mon profil me tire d'affaire.

Ils s'asseyent.

BABILAS. Comment vous appelez-vous?

MAGLOIRE, à part. Il faut le dépister. (Haut.) Chrysostôme Camard.

BABILAS. Le nom est bien choisi. Garçon, une bouteille de Porto, et deux verres. Buvez donc.

MAGLOIRE, qui fait tous ses efforts, ne peut faire entrer son nez dans son verre. Ah! mais voilà un inconvénient auquel je n'avais pas songé : ce nez-là me fera mourir de la pépie comme les poules. (Il essaye encore.) J'y renonce.

Pendant que Magloire tourne la tête, l'enseigne descend et boit le vin.

BABILAS, se parlant à lui-même. Nous verrons toute cette engeance sur un bon tas de fagots, je me ferai un plaisir de danser autour... Enfin, vous êtes parvenu à boire?

MAGLOIRE. C'est-à-dire que je n'ai pas bu et que mon verre est vide. (Se levant furieux.) Je ne comprends plus rien à tout ça... des nez qui tombent des nues, des barrières qui deviennent des échelles... Je demande un peu d'eau bénite... qu'on m'en cherche, qu'on m'en trouve.

BABILAS. Il est fou! (Il verse.) Allons, buvez un second verre de vin, ça vous remettra. (L'enseigne redescend encore, prend le verre, et boit.) C'est le diable!

MAGLOIRE. Quand je vous le disais. Sauve qui peut!

Ils se sauvent.

LE MARCHAND DE VIN. Eh bien, qu'est-ce qui paye! (Courant.) Au voleur! au voleur!

SCÈNE III.

SERINGUINOS, SOTTINEZ, RODRIGUEZ, chef des alguazils.

SERINGUINOS. Oui, Rodriguez, vous voyez dans le seigneur Sottinez un hidalgo qui, il y a une heure à peine, était enveloppé dans la peau d'un

---

simple dindon; il lui en reste encore quelque chose dans la démarche.

RODRIGUEZ. Vous m'étonnez.

SOTTINEZ. Comme si un sorcier ne pouvait pas choisir un animal plus noble; on dirait que ce faquin a voulu me faire une épigramme.

RODRIGUEZ, très-gravement. Je partage votre opinion... le dindon me paraît une allusion fort désagréable.

SERINGUINOS. Enfin, mon cher gendre, vous voilà déplumé; mais c'est égal, si vous avez conservé cette forme grotesque, ne croyez pas que j'aurais manqué de procédé à votre égard... Non, non, je vous aurais donné la meilleure place de ma basse-cour, et vous y auriez été traité avec tous les égards dus à ... mal- heurs; seulement, je n'aurais pas pu vous donner ma fille, j'aurais redouté l'incompatibilité d'humeurs... A présent que vous avez repris tous vos avantages physiques, rien ne s'oppose plus...

RODRIGUEZ. Vous me paraissez entièrement d'accord : que voulez-vous de moi?

SERINGUINOS. Pour la célébration de cet hymen, il ne manque plus que le consentement de la mariée. Ma fille a la faiblesse d'exécrer monsieur et d'en aimer un autre; mais nous voulons faire pendre ou brûler cet autre, qui est un sorcier... Voilà pourquoi il faut rassembler vos alguazils, et vous mettre tous ensemble à la poursuite du séducteur.

SOTTINEZ, regardant au balcon. Eh! mais le voilà auprès d'Isabelle.

RODRIGUEZ. Dites-lui de m'attendre; je cours chercher du renfort.

ALBERT, se penchant dans la rue. Magloire! Magloire... fais avancer une voiture.

SERINGUINOS. Je vais t'en donner une voiture... Suis-moi, mon illustre gendre.

Ils entrent. Pendant ce temps, le balcon descend à terre, avec Albert et Isabelle; Seringuinos s'en aperçoit; il crie à Sottinez de courir après les fugitifs; celui-ci sort du couvent, se trouve rehaussé par le balcon à côté de Seringuinos. Albert se sert de son talisman, la table du marchand de vin se change en une petite voiture traînée par deux petits génies.

SERINGUINOS et SOTTINEZ, criant. A la garde!

Les Alguazils arrivés à ces cris sont transformés en Laquais qui suivent et précèdent la voiture.

CHŒUR

Quelle bonne aventure!
Les tables et les bancs
Se changent en voiture
Pour servir les amants.

TROISIÈME TABLEAU.

Le théâtre représente une campagne. A droite, un poteau portant cette inscription : ROUTE DE MADRID A SÉVILLE; dans le fond, un pan de mur à demi écroulé.

SCÈNE PREMIÈRE.

SERINGUINOS, SOTTINEZ, RODRIGUEZ ET LES ALGUAZILS.

SERINGUINOS, à Rodriguez. C'est comme j'ai l'honneur de vous le dire; les hommes que vous avez envoyés au couvent de la Visitation ont été changés en laquais qui ont galamment accompagné les fugitifs à côté de leurs voitures.

RODRIGUEZ. Vous m'étonnez.

SERINGUINOS. Pardieu! ça nous a bien surpris aussi, nous qui avons été enlevés par ce maudit balcon... Nous avons affaire à d'atroces sorciers.

RODRIGUEZ. Vous m'étonnez d'autant plus que ceci ne me paraît pas naturel.

SOTTINEZ. Eh bien, que ferons-nous?

SERINGUINOS. Nous nous roidirons, mon gendre, nous continuerons nos poursuites; n us avons pour nous le droit et la force publique.

RODRIGUEZ. S'il m'était permis de donner un avis...

SERINGUINOS. Parlez, brave alguazil; vos conseils doivent nous diriger.

RODRIGUEZ. Mon opinion serait donc de reprendre au plus tôt les fugitifs ; car plus ils auront d'avance sur nous, et plus nous serons éloignés d'eux.

SERINGUINOS. Voilà qui est puissamment raisonné ! Comme l'instruction du militaire se développe de nos jours !... Mais dites-moi, vous qui avez autant de sagesse dans le conseil que de valeur dans l'action, où et comment reprendrons-nous les fugitifs ?...

RODRIGUEZ. Où ? dans leur voiture, s'ils y sont encore. Comment ? en arrêtant leur voiture, si elle marche toujours.

SERINGUINOS. C'est pourtant vrai... je n'avais pas songé à ça, ni vous non plus, mon gendre.

SOTTINEZ. Je ne m'occupe pas des détails.

RODRIGUEZ. S'ils voyagent, c'est probablement sur une route ; or, divisons-nous et coupons tous les chemins.

SERINGUINOS. Quel habile plan de campagne ! voyons, orientons-nous. *Route de Madrid à Séville.* D'abord il faut garder ce point ; ils peuvent venir par là.

Le poteau indique le contraire.

SOTTINEZ. Non, ils viendront par ici, voyez : *Route de Madrid à Séville.*

SERINGUINOS. C'est juste, je me trompais. (*Le poteau change.*) Nous disons donc... oh ! non, je ne me trompais pas.

Le poteau change.

RODRIGUEZ. Vous vous trompez, seigneur Seringuinos, voici le chemin qui vient de Madrid.

SERINGUINOS. Allons, c'est que je n'ai plus la tête à moi.

RODRIGUEZ. Alors je vais distribuer les postes : le seigneur hidalgo avec deux hommes se portera sur la route d'Aranjuez ; moi, avec deux autres, je cernerai la route de Cadix, et vous, mon brave apothicaire, vous resterez ici pour garder nos derrières...

SERINGUINOS. Ça me regarde.

RODRIGUEZ. Partons.

CHŒUR D'ALGUAZILS.

Allons, partons,
Montrons de la vaillance ;
Allons, partons,
Courons à la vengeance.

SOTTINEZ.
Si j'entrevois le séducteur,
Ça lui vengera mon bonheur.

SERINGUINOS.
Arrêté ! un serment bien fait
Produit toujours un bon effet.

ENSEMBLE.
Allons, jurons
D'avoir de la vaillance ;
Allons, jurons
De venger notre offense.

Ils sortent.

<hr>

SCÈNE II.

SERINGUINOS, seul.

Je ne suis pas fâché d'avoir un poste un peu tranquille. J'aimerais mieux faire de la pharmacie pendant dix ans que de courir un jour après une jeune fille que l'amour possède et que le diable emporte... J'ai vraiment l'air du Cassandre de la pantomime ; il ne me manque plus que les coups de bâton ; ça viendra peut-être. Je ne puis mettre un pied devant l'autre ; asseyons-nous auprès de ce poteau... Ah ! ça soulage ! Mon fusil, là ! je ne l'ai chargé qu'à gros sel, car je veux bien qu'il leur en cuise ; mais je ne veux pas les tuer... Ah ! mon Dieu, je tombe de lassitude, mes yeux se ferment.

Il s'endort.

<hr>

SCÈNE III.

ALBERT, ISABELLE.

ALBERT. Arrêtons-nous ici, ma chère Isabelle ; nous sommes, je crois, à l'abri des poursuites de votre père et de Sottinez.

ISABELLE. Il m'a fallu une bien grande confiance en votre loyauté pour consentir à cet enlèvement.

ALBERT. Ne m'aimez-vous pas mieux que le couvent ?

ISABELLE. Oui, sans doute... mais je ne suis pas sans quelque effroi... tout est surnaturel autour de moi... cette voiture... ce balcon.

ALBERT. C'est un pouvoir qui m'est venu par hasard... je vous dirai tout cela.

ISABELLE. Mais qu'allons-nous faire ?

ALBERT. Nous allons déjeuner, si vous voulez bien... Le grand air et la rapidité de la course ont dû vous donner de l'appétit.

ISABELLE. Déjeuner, où ?

ALBERT, *prenant une pilule.* Là !...

Le vieux pan de mur se transforme en un bosquet ; on y voit une table servie ; les amants s'asseyent et déjeunent.

ISABELLE. O prodige !

SERINGUINOS, *s'éveillant. Je crois que j'ai l'imprudence de dormir à mon poste... je ne sais pas ; mais il me semble que je ferais difficilement un homme de guerre. (*Se levant.*) Si le ravisseur avait passé pendant ce petit somme réparateur, que répondrais-je à mon malheureux gendre ?... Voyons si le sable ne laisse pas voir les traces d'un équipage. Rien... Que je suis bête ! une voiture du diable, ça doit rouler très-légèrement... (*Apercevant Albert et Isabelle.*) Ah ! grand Dieu ! que vois-je là ! ce sont eux, l'infâme ravisseur... où est mon fusil ?... mon fusil ! (*Le poteau s'en empare et fait feu. Le mur se referme et les amants disparaissent.*) Ah ! mon Dieu, je suis mort ! Oh ! non, non, heureusement que ce n'était que du gros sel ; mais je suis piqué comme par un milliard de sangsues... c'est un affreux supplice... il me semble que je ne pourrai plus jamais m'asseoir.

<hr>

SCÈNE IV.

SERINGUINOS, SOTTINEZ, RODRIGUEZ, ALGUAZILS.

SOTTINEZ. Qu'y a-t-il donc, cher beau-père ?

SERINGUINOS. Ah ! ah ! mon gendre.

RODRIGUEZ. Vous vous trouvez mal, apothicaire ?

SOTTINEZ. Une chaise, vite.

SERINGUINOS. Du tout... du tout... une chaise ! en voilà une idée... autant vaudrait me mettre à la bouche d'un canon.

RODRIGUEZ. Vous m'étonnez !...

SOTTINEZ. Enfin qu'est-il arrivé ?... ce coup de feu que vous avez tiré...

SERINGUINOS. Je n'ai rien tiré du tout... c'est le poteau.

SOTTINEZ. Le poteau ?

RODRIGUEZ. Il est fou.

SERINGUINOS. Je suis fou !... je suis fou !... je les ai vus, comme je vous vois.

SOTTINEZ. Qui ?

SERINGUINOS. Isabelle et son ravisseur.

RODRIGUEZ. Où ?

SERINGUINOS. Là, dans ce bosquet... elle buvait, l'ingrate... il mangeait, le traître.

SOTTINEZ. Où voyez-vous un bosquet ici ?

SERINGUINOS. Je n'en vois plus... tout a disparu, c'est dans ce moment-là que le poteau...

RODRIGUEZ. Le bosquet, le poteau... vous avez rêvé tout ça.

SOTTINEZ. Oui, c'est un rêve.

SERINGUINOS. Est-ce aussi un rêve, que le sel que j'ai reçu, et qui me fera prendre pour long-temps toute espèce de siège en aversion ?

RODRIGUEZ. Le bonhomme aura dormi, et en se levant il aura fait partir son fusil.

SERINGUINOS. Croyez-en ce que vous voudrez ; moi, je sais à quoi m'en tenir : les fugitifs sont là. (*Il montre le mur.*) Brave Rodriguez, rechargez-moi mon arme ; mettez-moi du plomb, des balles... de la mitraille... c'est dans ce mur qu'était ce bosquet fantastique ; eh bien ! je veux le battre en brèche.

RODRIGUEZ, *à part.* Flattons sa manie. (*Haut.*) Oui, intrépide pharmacien, rapportez-vous-en à moi. (*A part.*) Ce bonhomme pourrait commettre quelque accident... je m'importe peu de ce qu'il dira... mais ce sera une charge de tabac. (*Il amorce le fusil et le charge en vidant sa tabatière dans le canon.*) Le sternutatoire suffit à sa valeur.

SERINGUINOS, *prenant le fusil.* A moi, maintenant !

Il fait feu sur le mur, et tous les personnages sont pris d'un éternuement général ; ils sortent en se heurtant les uns contre les autres.

<hr>

QUATRIÈME TABLEAU.

Le théâtre change et représente l'antre de la sorcière ; on voit sur les murs des animaux de toute espèce, des portraits représentant des figures hideuses ; à droite et à gauche, des statues ; dans le milieu du théâtre, une table et deux chaises ; dans le fond, un grand chaudron.

SCÈNE PREMIÈRE.

LA SORCIÈRE, seule.

Viendra-t-il à ce rendez-vous ? Je le crois ; le pouvoir que je lui ai donné, il voudra le conserver. Déjà par moi il a échappé aux poursuites de Seringuinos et de Sottinez ; et pourtant je ne suis pas sans inquiétude, à mon âge.

AIR :

Que n'ai-je en partage
Encore du jeune âge
L'attrait ;
Il viendrait.
Quand on est si vieille,
On tremble à la veille
D'un doux
Rendez-vous !
Mais vieillesse
Vaut jeunesse,
Quand la tendresse
Peut suffire au bonheur !...
Dans mon âge
Est la sagesse,
Car une femme
N'a pas de rôle si ingrat ;
Quand on est si vieille, etc.

Menuet scène.

Ah ! voilà l'heure ! (*On frappe à la porte.*) C'est lui sans doute.

<hr>

SCÈNE II.

LA SORCIÈRE, ALBERT.

ALBERT. Je suis exact, bonne femme, tu le vois.

LA SORCIÈRE. Mon talisman ne t'a pas manqué ?

ALBERT. Non, et je t'en rends grâce ; par toi j'ai mis Isabelle en sûreté dans une maison de Madrid... Que faut-il faire pour te prouver ma reconnaissance ? parle.

LA SORCIÈRE. Assieds-toi. (*Au Gnôme.*) Arribah ! donne un siège au seigneur cavalier.

Le Gnôme apporte une chaise.

ALBERT. Quel singulier domestique !

LA SORCIÈRE. C'est moi qui l'ai créé ; je lui tous donné, excepté la parole ; il est prompt, agile et dévoué ; je veux t'en donner un semblable.

ALBERT. Tu en as un autre ?

LA SORCIÈRE. Non, je vais le faire... Holà ! mes femmes de chambre, apportez l'urne. (*Deux vieilles femmes apportent une urne de bronze. Elle est isolée du théâtre par quatre pieds ; la sorcière lève le couvercle ; elle est vide ; elle fait autour de l'urne une conjuration ; on découvre l'urne ; il en sort un Gnôme semblable à celui qui est déjà sur le théâtre. Arribah, furieux de se voir un concurrent, menace le nouvel* arrivé; *combat comique entre les deux Gnomes.*) Holà! c'est assez! (*Les deux Gnomes vont s'asseoir aux deux côtés du théâtre.*) Tu vois, Albert, jusqu'où va ma puissance? A ma voix l'enfer se trouble et les démons obéissent; pour moi et pour ceux que j'aime je puis disposer de toutes les félicités que donne la richesse. Mais il y a si longtemps que je possède cette puissance, que tout ce qu'elle a de surnaturel ne saurait plus me donner une jouissance et me faire éprouver une émotion : en me donnant une telle autorité sur les choses terrestres, le destin m'a faite vieille et immortelle; le bonheur qui n'a point de terme pèse autant que le malheur. *Je puis pourtant rejeunir, ma vie peut être réduite à la durée commune : c'est là où tendent tous mes vœux.*

ALBERT. Eh bien?

LA SORCIÈRE. Mais le destin y a mis une condition.

ALBERT. Laquelle?

LA SORCIÈRE. C'est qu'un jeune et beau cavalier deviendra mon époux.

ALBERT. Ah! diable! mais ce sera peut-être difficile à trouver, attendu la profession, qui n'est pas très-catholique.

LA SORCIÈRE. Ce que je ne puis te dire, je vais te l'écrire. (*Après qu'elle a écrit.*) Lis!

ALBERT, *lisant.* « Il faut oublier Isabelle, il faut être mon époux, et tu partageras ma puissance et mon bonheur. » Et quand la mort viendra nous prendre tous deux, quel sera mon sort?

LA SORCIÈRE. Tu serviras le même maître que moi.

ALBERT. Satan, n'est-ce pas?

LA SORCIÈRE. Oui, Satan!

ALBERT. Ah! parce que tu m'as vu faire quelques folies, tu me crois assez avancé dans le vice pour renier mon Dieu et te livrer mon âme! Non, par mon saint patron, il n'en sera rien, vieille maudite! Tu veux m'enlever à Isabelle et me donner au diable!... malheur à toi! je vais savoir tout de suite si tu es éternelle! (*Il s'élance furieux vers la sorcière; mais elle disparaît, ses vêtements restent seuls sur la chaise.*) La vieille coquine est partie au sabbat!... bon voyage!

Il veut sortir, mais les Gnomes s'emparent de lui, et avec mille contorsions ils l'entraînent dans le fond de l'antre. On entend le tonnerre, on voit les éclairs; un orage accompagne le départ de la Sorcière, Albert disparaît avec les Gnomes.

SCÈNE III.

MAGLOIRE, *entrant avec précaution.*

Laisser un chrétien à la porte d'un temps pareil, ça me paraît un peu familier... Ma foi, j'entre; j'aime mieux être un peu plus indiscret et un peu moins mouillé... c'est moins dangereux pour la poitrine... avec ça que je n'ai rien pris depuis ce matin... Ah! si, une pilule que mon maître m'a donnée pour me défaire de ce diable de rat... je commençais pourtant à m'y faire... A présent, quand je me touche la figure, il me semble qu'il me manque quelque chose... Où suis-je, ici?... c'est sans doute l'antichambre des appartements de cette bonne sorcière... C'est bien meublé... ça a l'air d'un cabinet de curiosités... Voilà pourtant un vilain animal; ce crocodile me paraît peu réjouissant... Tiens, et ce grand poisson qui a des ailes... ce doit être une espèce rare... J'ai souvent pêché à la ligne, et jamais il n'en a paru un de ce genre-là... Une tête d'éléphant... ça vient en Afrique... Et une momie... ça vient en Égypte... Voilà un singe si bien empaillé que je l'aurais pris pour une personne naturelle... Et le grrrand pélican blanc, qui se perce le flanc pour nourrir ses enfants... Un bel ours, ma foi!... il a l'air aimable... Monsieur, j'ai bien l'honneur de vous saluer... je vous présente mes hommages. (*L'ours salue.*) Il salue, ma foi!... Dans son temps il aura reçu de l'éducation. Ce n'est pas un ours mal léché, comme on dit... Monsieur, je vous salue... Comment donc! mais enchanté d'avoir fait votre connaissance. (*Il se recule auprès du singe, qui lui donne un coup de bâton.*) Ah! qu'est-ce que c'est que ça?... Allons donc, farceur, vous ne vous conduisez pas avec la décence qu'on devrait attendre d'un singe empaillé. (*Le singe lui donne un coup de pied.*) Ah ça, mais voilà cette vieille momie qui s'en mêle... ça fait de mauvaises plaisanteries avec une figure de deux ou trois mille ans... c'est joli, à votre âge... Assez d'histoire naturelle comme ça; passons à la peinture... Un chien, un chat, ce sont des portraits de famille. (*Il s'assied.*) Des animaux empaillés, un grimoire sur la table... Tout ça n'est pas d'une gaieté folle... Je trouve que mon maître est bien longtemps en conférence avec cette digne sorcière... Ah! je ne sais pas si c'est de faim ou d'ennui, mais il me semble que je bâille à me décrocher la mâchoire... Ah! eh! (*Il bâille; tous les animaux empaillés, les portraits, le chat et le chien bâillent comme lui.*) Allons, les voilà qui bâillent tous à présent... le chat aussi!... (*Le chat fait gros dos, ses yeux deviennent étincelants.*) Il me dévore des yeux... et le chien. (*Il aboie.*) Le chien qui s'en mêle... tout ça peut être fort extraordinaire, mais ça n'est pas très-rassurant... et en attendant mon maître... je voudrais bien m'occuper pour n'avoir pas le temps d'avoir peur... Qu'est-ce que je pourrais faire?... S'il y avait quelque chose à manger... voilà qui me distrairait beaucoup... mais je ne suis pas ici dans la salle à manger, malheureusement... Si je lisais... c'est ça, voilà justement le grimoire de ... sorcière... Voyons. (*Il s'assied.*) Chapitre p... des Conjurations!... Il faut choisir le dernier quartier de la lune. (*La chandelle s'élève à dix ou douze pieds.*) Ah! voilà une chandelle d'une dimension peu usitée chez messieurs les épiciers... Il n'y a pas moyen de lire comme ça. (*Il monte sur la chaise.*) De la lune entre minuit et une heure du matin. (*La chandelle redescend, et Magloire se rassied.*) J'aime mieux ça pour la lecture... Au moment où les oiseaux des ténèbres (*pendant qu'il lit, la chaise et la chandelle montent*) font entendre leurs cris, lorsque le feu est préparé et que la baguette de coudrier tournoie dans la main... (*La chandelle redescend.*) Ah! bien alors, si on ne peut pas lire, ça devient ridicule... (*S'apercevant combien il est élevé.*) Ah! mon Dieu!... je ressemble à la tour Saint-Jacques-la-Boucherie... la tête me tourne... à moi!... à moi!... (*A ce moment sort de la table un énorme squelette.*) Merci, monsieur... bien obligé. (*Le squelette et la chaise redescendent.*) Ce monsieur est bien maigre!... (*Magloire se sauve et se jette dans une énorme marmite placée sur un fourneau; les Gnomes arrivent, et jettent des légumes et de l'eau dans la chaudière; ils allument le feu.*) Ah! je bous!... j'écume de colère!...

Il sort de la marmite, et il est enveloppé de légumes.

CINQUIÈME TABLEAU.

Le théâtre changé représente une place publique; au fond à gauche, un puits; au milieu, un obélisque; au second plan une maison avec fenêtre praticable; à droite, la boutique d'un apothicaire; à gauche, celle d'un marchand de vins; au premier plan, un banc de pierre. Il fait nuit.

SCÈNE PREMIÈRE.

ISABELLE, puis **MAGLOIRE.**

ISABELLE. Albert ne revient pas, je meurs d'inquiétude; toute cette nuit j'ai vu rôder des alguazils autour de cette maison... Mais un homme vient là-bas; c'est sans doute Albert.

MAGLOIRE, *tout effaré.* Enfin me voilà dans une rue de Madrid... Maudite sorcière, va!

ISABELLE. Magloire! qu'as-tu donc à crier comme ça?

MAGLOIRE. Ah! c'est vous, signora? vous demandez ce que j'ai à crier! Je ne crierai jamais assez pour tout ce qu'on m'a fait... est-ce que je ne sens pas les légumes?.. deux bouillons de plus, et l'on pourrait me servir avec du persil ou à la sauce tomate.

ISABELLE. Je ne comprends pas un mot à tout ce que tu me dis là!

MAGLOIRE. Est-ce qu'on peut rien comprendre tout ce qu'ils font avec leurs sortiléges... Mon pauvre maître, à quel sauce l'auront-ils mis, lui?

ISABELLE. Qu'est-il arrivé à Albert?

MAGLOIRE. Est-ce que je sais, moi? Il était aussi chez la sorcière.

ISABELLE. Ah! mon Dieu!

SCÈNE II.

ALBERT, MAGLOIRE, ISABELLE.

ISABELLE. Albert! Ah! que je suis heureuse de vous revoir!

MAGLOIRE. Ah! mon cher maître!

ISABELLE. Ce garçon m'avait effrayée; il paraît n'avoir plus la tête à lui.

MAGLOIRE. J'ai bien cru un moment que je ne l'avais plus à moi.

ALBERT. Cette vieille sorcière se sera vengée sur lui... Entre dans la maison et bois un grand verre d'eau, cela te remettra.

MAGLOIRE. Oui, monsieur; je crois pourtant qu'un grand verre de vin me remettrait mieux.

ALBERT. Bois ce que tu voudras et laisse-nous.

MAGLOIRE. Oui, monsieur.

Il sort.

SCÈNE III.

ALBERT, ISABELLE.

ISABELLE. Enfin que vous est-il arrivé?

ALBERT. Le pouvoir sur lequel je comptais m'échappe... la sorcière a voulu me faire renoncer à vous... Il fallait l'épouser pour lui rendre la jeunesse et partager sa puissance; j'ai refusé... je m'en suis fait une mortelle ennemie.

ISABELLE. Pour moi vous avez refusé un pouvoir aussi grand... Mon amour pourra-t-il reconnaître tant de générosité?

ALBERT. Pour lui je rejetterais toutes les félicités du monde; mais ce que je crains, c'est que la sorcière ne prête à nos ennemis l'appui qu'elle nous avait donné.

ISABELLE. Et c'est moi qui causerais votre malheur!... Si l'on vous saisit... Sottinez est tout-puissant; l'inquisition est redoutable.

ALBERT. Je brave ses tortures.

ISABELLE. Non, c'est à moi de vous laisser libre!

ALBERT. En épousant Sottinez?

ISABELLE. Non... mais en quittant cette vie, où je ne puis vous rendre heureux.

Elle court vers le puits, mais à l'instant il se transforme en une riche estrade, sur laquelle est placée une jeune fille; c'est la Folie.

LA FOLIE. Albert, en refusant la vieille sorcière, tu as refusé la fortune, et la fortune c'est le bonheur; en préférant ta maîtresse à l'or, tu as fait, selon l'opinion de bien des gens, une folie; toi, jeune fille, en voulant te donner la mort, tu projettes une folie plus grande encore; il est juste que la Folie vous vienne en aide; c'est moi qui vous protégerai maintenant; mais comme, si je vous quittais, je pourrais bien vous oublier... je remplacerai Paquita... Oui, ma belle Espagnole,

je me mets à votre service pour toute la journée...
Mais voici vos jaloux qui viennent de ce côté
avec une troupe d'alguazils... Rentrons; je vous
expliquerai mes projets.

SCÈNE IV.

SERINGUINOS, SOTTINEZ, BABILAS, RODRI-
GUEZ, ALGUAZILS.

SERINGUINOS. Es-tu bien sûr de ce que tu dis,
Babilas?

BABILAS. Autant qu'on peut en être sûr de ce
temps-ci, où tout est sens dessus dessous... Je
suis certain que j'ai vu entrer dans cette maison
la signora Isabelle et ce damné peintre français !
Mais dire que le diable n'a pas pris leur figure...
c'est ce que je ne sais pas.

SOTTINEZ. Mon beau-père!

SERINGUINOS. Mon gendre mon illustre gendre !

SOTTINEZ. Si votre élève dit vrai, ma fiancée est
dans cette maison.

SERINGUINOS. Très-bien !

SOTTINEZ. Il s'agit d'enfoncer la porte, d'arriver
auprès de la signora, et de nous emparer, soit par
ruse, soit par la force, de sa personne chérie.

SERINGUINOS. Fort bien ! Rodriguez, faites enfoncer la porte.

RODRIGUEZ. Un instant ! je ne puis entrer dans
la maison sans l'auguste présence du corrégidor...
usons de l'arbitraire, mais légalement.

SOTTINEZ. Mais on séduit ma fiancée ! plus nous
attendrons, et plus on la séduira... vous comprenez, alguazil ?

RODRIGUEZ. Je comprends parfaitement, jeune
hidalgo; dépêchez-vous donc d'aller chercher le
corrégidor.

SERINGUINOS. Il a encore raison. Allons, mon
gendre, allons chercher le corrégidor ; vous, Rodriguez, faites garder les issues par vos soldats;
toi, Babilas, reste là... je t'ai pris pour tout faire.

(Sottinez et Seringuinos sortent; Rodriguez place les Alguazils aux deux coins des rues; Babilas se promène
de long en large.)

SCÈNE V.

BABILAS, seul.

Se donne-t-il un mal pour épouser une femme
qui ne veut pas de lui, ce seigneur Sottinez !...
J'aime bien Paquita, notre gentille camériste ;
mais si elle se sauvait avec un autre, je ne cour-
rais pas après... mais il n'y a pas de danger ; pourtant elle est assez coquette, cette petite Paquita,
et je crois m'être aperçu qu'elle faisait des yeux
doux à ce gros lourdaud de Magloire.

LA FOLIE, sous les traits de Paquita, lui donnant un soufflet. Ah! je suis coquette! ah! je
fais des yeux à Magloire!

BABILAS. Eh bien! quoi donc? qui a-t-il donc?
Oh! c'est vous, Paquita? j'aurais dû vous reconnaître tout de suite au soufflet; c'est assez
votre genre.

LA FOLIE. Et c'est ce que mérite un méchant
garçon (tendrement) qui doute de mon amour et
de ma fidélité.

BABILAS. J'ai tort, là, j'ai tort, Paquita.

LA FOLIE. Vous n'aurez plus de ces mauvaises
pensées-là?

BABILAS. Non, sans doute... Ah ça, mais vous
avez donc quitté la maison en même temps que
la signora Isabelle?

LA FOLIE. Il le fallait bien ; je ne voulais pas la
laisser seule avec ce jeune Français, et justement
j'ai profité d'un instant où l'on ne me voyait pas
pour prévenir le seigneur Seringuinos qu'ils veulent sortir à l'instant même. Où est-il, mon Dieu, où
est-il?

BABILAS. Il vient d'aller avec Sottinez chercher
le corrégidor.

LA FOLIE. Il ne reviendra pas à temps; ne pour-

rais-tu pas courir après lui?

BABILAS. Mais qui veillera à la porte?

LA FOLIE. Moi!

BABILAS. Ah! c'est vrai, je n'y pensais pas.

LA FOLIE. Va vite, cours, mon garçon.

BABILAS. Oui, gentille camériste... l'amour va
me donner des ailes.

(Il court.)

LA FOLIE. A l'œuvre maintenant.

Elle se transforme en grosse servante de cabaret, et
dirige vers le coin de rue où se place Seringuinos.

RODRIGUEZ. On ne passe pas.

LA FOLIE. Et pourquoi donc ça?

RODRIGUEZ. C'est l'ordre.

LA FOLIE. Mais l'ordre ne peut pas m'empêcher
d'envoyer mes garçons au marché. Je suis la marchande de vin du coin; est-ce que vous ne me
reconnaissez pas?

RODRIGUEZ. Ah! je vous reconnais maintenant;
c'est que la nuit...

LA FOLIE. Quant à mes garçons et à ma servante, je leur donnerai ma lanterne, et ce sera le
mot d'ordre pour passer, n'est-ce pas?

RODRIGUEZ. C'est convenu. Vous entendez, vous
autres, vous laisserez passer ceux qui auront une
lanterne.

UN ALGUAZIL. Allumée?

RODRIGUEZ. Oui; que cet homme est bête!

LA FOLIE, à Albert et Isabelle. Allons, partons.

ALBERT. J'ai entendu ce que vous disiez à cet
homme ; mais je ne vois qu'une lanterne.

LA FOLIE. Quand il y en a pour un, il y en a bien
pour quatre.

La lanterne se divise d'abord en trois.

MAGLOIRE, entrant. Tiens, je vais prendre une
lanterne aussi.... Tiens, il y en a encore une, je
vais la prendre encore.... si l'on passe avec une
lanterne, on passe mieux avec deux. Ah! encore
une! j'en prends trois alors; je suis sûr de mon
affaire. (La lanterne s'est divisée en trois; Magloire en tient une dans chaque main, et la dernière entre les dents.) Si je ne passe pas avec ça,
j'aurai bien du malheur.

Quand il se dispose à sortir, Rodriguez lui met la main
sur le collet.

RODRIGUEZ. Ah! toi, je t'arrête.

MAGLOIRE. Non, non, j'ai mes lanternes, je suis
en règle!

RODRIGUEZ. On passe avec une lanterne, mais on
ne passe pas avec trois.

On s'empare de Magloire; le peuple arrive.

LE MARCHAND DE VIN. On m'a volé ma lanterne!
C'est ce coquin-là, tenez-le bien!

MAGLOIRE. Qu'est-ce qu'il dit, celui-là?

LE MARCHAND DE VIN. Je dis que tu m'as volé
ma lanterne.

MAGLOIRE. Tenez, criard, en voilà trois; vous
m'en redevrez deux. Faiseur.

RODRIGUEZ. Il n'y a pas moins vol... ne le lâ-
chez pas!

MAGLOIRE. Ah ça, vous êtes fou, puisque je lu
donne trois lanternes.

UN HOMME DU PEUPLE. Il a raison... A bas les alguazils!

On se jette sur les soldats, qui protègent la fuite; le
Marchand de vin prend la lanterne et rentre chez lui.

MAGLOIRE, les suivant d'abord. Merci, brave
peuple! merci. Navarrois et Castillans! race exces-
drôle-là, et protéger un malheureux jeune homme
qui ne peut faire un pas sans être arrêté par
quelque anicroche. A-t-on idée de ce qui m'arrive!... c'est à dégoûter du service; j'ai envie de
donner ma démission.

BABILAS, entrant sans voir Magloire. Je crois
que Paquita m'a joué quelque tour... je n'ai
trouvé ni Seringuinos ni Sottinez ; la porte de la
maison est ouverte, les alguazils sont partis; il
n'y a pas de doute, les oiseaux sont dénichés. (Il
va s'asseoir sur le banc où est Magloire.) Repo-
sons-nous un peu, il n'y a pas de jambes qui ré-

sisteraient à un pareil métier.

La pierre du banc glisse, jette Babilas sur Magloire, qui
tombe à terre.

MAGLOIRE. Qu'est-ce que c'est que ce butor?
Animal, est-ce qu'on se jette ainsi sur le monde?
Tiens, c'est Babilas.

BABILAS. Tiens, c'est Magloire!

MAGLOIRE. Ah ça, pourquoi que tu me pousses
comme ça?

BABILAS. Est-ce que je sais, moi? J'étais là assis
tranquillement.

(Il se remet.)

MAGLOIRE. Et moi, j'étais là aussi. (Il se rassied. Même jeu du banc; Magloire tombe une
deuxième fois. Ah! petit sournois, tu crois donc
que je n'ai pas été assez battu aujourd'hui! Attends! attends!

Il se jette sur Babilas et le prend aux cheveux.

MAGLOIRE.

Air de la belle Rosière.

Il faut ici que je t'assomme,
Vit-on jamais un pareil animal,
Se jeter ainsi sur le monde!
C'est vraiment un cas trop brutal.

BABILAS.

Je vais bien te rosser, ma foi.

MAGLOIRE.

Viens-y donc, toi!

BABILAS.

Non! attends-moi.

BABILAS et MAGLOIRE.

Il faut ici que je l'assomme, etc.

RODRIGUEZ et LES ALGUAZILS, survenant.

De par la loi, moi, je vous somme
De cesser ce combat brutal.
Holà! si l'un de vous s'assomme,
J'en vais dresser procès-verbal.

BABILAS. Tenez-le bien... c'est un fou furieux.

MAGLOIRE. Il m'a jeté deux fois du haut de ce
banc.

RODRIGUEZ. Jeunes hommes, calmez-vous; je
n'approuve pas les combats, et je vous exhorte à
rengainer vos coups de poing.

BABILAS. Moi, je ne lui en veux pas.

MAGLOIRE. Je l'ai un peu battu, je suis content.

BABILAS. A preuve que je ne suis pas fâché, c'est
que je paie une bouteille de Porto; acceptez-vous,
militaire?

RODRIGUEZ. Fort volontiers, puisque cela vous
réconcilie.

BABILAS. Entrons là.

A peine sont-ils entrés que la boutique du Marchand de
vin se change en celle de l'Apothicaire, et celle de
l'Apothicaire en Marchand de vin.

SCÈNE VI.

ALBERT, ISABELLE, LA FOLIE, toujours en
Paquita.

ALBERT. Nous sommes cernés de tous côtés...
Rentrons, nous nous défendrons mieux dans cette
maison.

ISABELLE. Mais nous serons bientôt découverts.

LA FOLIE. Jeunes gens, la Folie vous protège.

Ils se cachent derrière la fontaine.

SCÈNE VII.

BABILAS, MAGLOIRE, RODRIGUEZ et LES
ALGUAZILS, sortant de la boutique de l'A-
pothicaire.

MAGLOIRE. Ah! pouah! pouah!... qu'est-ce que
c'est que ça?

BABILAS. C'est un mélange de manne et de séné.

MAGLOIRE. Ah! j'ai la colique.

BABILAS. Oh! le ventre!

RODRIGUEZ. J'éprouve de singuliers symptômes.

UN ALGUAZIL. Commandant, sans vous commander, il ne m'est pas possible de continuer mon service.

RODRIGUEZ. Que je ne vous retienne pas, camarades.

MAGLOIRE. Oh!

BABILAS. Ah! il n'y a pas moyen.

Ils sortent tous par divers points, en faisant des contorsions et en se tenant le ventre.

SCÈNE VIII.

SERINGUINOS, SOTTINEZ, Alguazils, Peuple.

SERINGUINOS. Les voilà! nous les tenons.

LA FOLIE. Un moment.

SIXIÈME TABLEAU.

Le théâtre se change en un magnifique jardin fantastique, dans lequel se trouve un trône magnifique sur lequel viennent se placer la Folie et Albert; Seringuinos et Sottinez sont pour un instant cloués à leurs places, ainsi que les Alguazils.

SOTTINEZ. Eh bien! beau-père, courez donc.

SERINGUINOS. Je ne puis bouger, je suis cloué là.

Un coup de tam-tam se fait entendre.

LA FOLIE. À moi, enfants de la folie!

Les Alguazils sont transformés en Pierrots, Seringuinos en Zéphyr, Sottinez en Flore; arrivent de toutes parts les personnages du carnaval, qui forment une farandole autour du pavillon, et empêchent Sottinez et Seringuinos de pénétrer jusqu'à Isabelle; les Danseurs forcent Sottinez et Seringuinos à prendre part à cette fête, qui se termine par un galop général.

ACTE DEUXIÈME.

PREMIER TABLEAU.

Une salle à manger d'auberge aux environs de Madrid; une grande table, au-dessus une glace, et au-dessus de la glace, deux portraits; sur un guéridon un jeu de trio-trac.

SCÈNE PREMIÈRE.

ALBERT, ISABELLE, UN GARÇON D'AUBERGE.

ALBERT. L'ami, prépare-nous vite une chambre, et choisis-la bien éloignée de toutes les autres.

LE GARÇON, *en souriant.* Je comprends.

Il sort.

ALBERT. Rassurez-vous, Isabelle : si un mauvais génie nous poursuit, un pouvoir surnaturel nous protège, vous en avez eu tout à l'heure une preuve éclatante.

ISABELLE. Sans doute; notre charmante protectrice a disparu, peut-être nous a-t-elle oubliés; et que deviendrons-nous si elle nous abandonne?

ALBERT. Ma foi, Dieu seul le sait; j'ai dévoré jusqu'à ma dernière pilule; mais, grâce au ciel, il me reste encore quelques doublons, et l'or est aussi un talisman; il va nous procurer ce qu'il y a de mieux dans cette hôtellerie. (*Il sonne.*) Holà! quelqu'un!

SCÈNE II.

Les mêmes, LA FOLIE, *sous le costume d'une hôtelière piquante et jolie.*

LA FOLIE, *parlant provençal.* Vous avez appelé, seigneur cavalier? je suis à vos ordres.

ALBERT, ISABELLE. Que vois-je? c'est.... c'est elle.

LA FOLIE. Oui, c'est moi qui ne vous oublie pas, ingrate que vous êtes. Je suis venue, parce que je crains pour vous que'que perfidie de la part de Sara la sorcière. Je sais qu'elle a quitté son antre, et cela ne peut être qu'à votre intention, elle va vous poursuivre encore; mais elle me rencontrera sur sa route, et à moins qu'elle n'ait intéressé à

sa cause le diable en personne, je vous réponds que nous sortirons triomphants de la lutte.

ISABELLE. Pourquoi avez-vous pris ce costume?

LA FOLIE. Pour recevoir don Sottinez, Seringuinos, Babilas et leur cortége d'alguacils.

ALBERT. Est-ce qu'ils ont découvert nos traces?

LA FOLIE. Tenez, les voilà qui entrent dans la grande cour.

ISABELLE. Oh! sauvons-nous, Albert; j'ai reconnu don Sottinez.

LA FOLIE. Vous avez l'un et l'autre besoin de repos : Isabelle, entrez dans ce cabinet; vous, Albert, dans celui-ci, et dormez sans crainte de la sorcière.

> Air de la *Fiole* (Allons donc vite, à table)
> Contre vous sa vengeance
>   Ne peut rien.
> Ayez bonne espérance,
>   Tout va bien!
> Charmante Isabelle,
> Voici votre appartement.
>   Une demoiselle
> Doit dormir sans son amant!
>   ENSEMBLE.
> Contre nous sa vengeance
>   Ne peut rien.
> Ayons bonne espérance,
>   Tout va bien!
> *Isabelle et Albert entrent chacun d'un côté différent*

SCÈNE III.

LA FOLIE, SOTTINEZ, SERINGUINOS, BABILAS, RODRIGUEZ, ALGUAZILS.

LA FOLIE. Entrez, entrez, messeigneurs.

SERINGUINOS. Vous direz ce que vous voudrez, mon futur gendre; mais je suis éreinté au moral ainsi qu'au physique; je ne connais pas de cathédrale qui possède autant de cloches que moi... Et toi, Babilas?

BABILAS. On userait des jambes de chameau à faire ce métier-là.

RODRIGUEZ. Je ne sens plus ni ma langue ni mes bottes.

SOTTINEZ. Quand je devrais faire toutes les étapes du juif errant, je rattraperai Isabelle, ou j'y perdrai mon nom.

SERINGUINOS. Comme j'y perdrais ma rate, j'y renonce.

Il s'assied.

RODRIGUEZ. J'avoue qu'une chaise a pour moi des charmes irrésistibles.

Il s'assied.

SOTTINEZ. Est-ce que vous allez rester là?

SERINGUINOS. Écoutez, Sottinez, je suis père, je pourrais même être grand-père, et j'ai les jambes de mon emploi; vous, mon cher gendre, qui êtes taillé en cerf, courez après les fugitifs. Je vous permets d'emmener Babilas; comme je le paye pour tout faire, il n'a rien à dire.

BABILAS. Je déclare à la face du seigneur Seringuinos que je serais incapable d'attraper une écrevisse ou un fiacre à la course.

SOTTINEZ. Allons, reposez-vous donc; mais je vous préviens que je ne vous accorde que vingt-neuf minutes pour boire, manger et dormir.

BABILAS. Je ferai observer à votre Seigneurie que nous n'aurons que le temps bien juste de nous livrer à un seul de ces exercices.

SOTTINEZ. Eh bien, choisissez.

BABILAS. Je mange.

RODRIGUEZ. Je bois.

SERINGUINOS. Moi, je dors.

LA FOLIE. Que désirez-vous, seigneurs cavaliers? Bon vin, bonne table, bon gîte et bonne mine, voilà ce que Zanetta offre toujours à ses hôtes.

SERINGUINOS. Je donnerais ma pharmacie pour un lit, fût-il de sangle.

BABILAS. Et moi, mon cher maître, je donnerais tout ce que vous possédez... pour un civet.

LA FOLIE. Comme je vous le disais... mon vin est excellent, mais on a vidé ce matin ma dernière bouteille; mon cuisinier sort de chez un arche-

vêque, mais on a épuisé toutes mes provisions; enfin, la reine n'a pas de lits plus mollets que les miens; mais tous mes matelas sont à carder.

SERINGUINOS. Ah ça, dites donc, il paraît que vous n'avez à nous servir que de la bonne mine!

SOTTINEZ. Alors, remettons-nous en route.

SERINGUINOS. Du tout; il y a sur l'enseigne : Ici on boit, on mange et on loge à pied ou à cheval. Mais, malheureuse femme, c'est pour que tu obéisses à ton enseigne que le gouvernement te permet de lui payer tes impositions, ta patente et tous les droits-réunis.

RODRIGUEZ. Je partage l'avis du préopinant... cette femme ment évidemment, et en ma qualité d'œil du gouvernement, je vais inspecter rigoureusement tout l'établissement.

SERINGUINOS. Je vous suis.

BABILAS. Nous vous suivons.

SERINGUINOS. Il me faut mon lit.

BABILAS. Il me faut mon civet.

SOTTINEZ. Vous n'avez plus que vingt-trois minutes.

RODRIGUEZ. Marchez devant, hôtelière.

LA FOLIE. Ils vont m'amuser.

> Air de *Champée au nourrice* (Porte-Respect)
> Oui, mettons-nous en classe,
> Fouillons bien chaque place,
> Inspectons tous les coins;
> Malgré la ménagère,
> Nous saurons, je l'espère,
> Suffire à nos besoins!
>   BABILAS.
> Cherchons dans les assiettes;
> Moi, je veux jusqu'aux miettes,
>   SERINGUINOS.
> Je veux un traversin
>   RODRIGUEZ.
> Avant de passer outre,
> Allons voir dans son autre
> S'il reste un peu de vin.
>   LA FOLIE.
> Oui, mettez-vous en chasse,
> Fouillez bien chaque place,
> Inspectez tous les coins;
> Mais vous aurez beau faire,
> Vous ne pourrez, j'espère,
> Suffire à vos besoins.
>   *Ils sortent, Sottinez reste seul.*

SCÈNE IV.

SOTTINEZ, *seul.*

Il faut avouer que je suis l'homme le plus mystifié des quatre parties du monde!... Que de tribulations depuis hier! et pour une femme qui ne m'aime pas!... Si je la rattrape, Dieu sait ce qui m'attend... une femme aussi égrillarde sera une épouse un peu... Eh bien, ça m'est égal, je veux me venger de mon rival; mais je ne sais plus quel saint me vouer, tous m'ont manqué dans la main, et j'ai passé en revue toute la légende.

UNE VOIX. Sottinez, Sottinez!

SOTTINEZ. D'où part cette voix criarde?

LA VOIX. Sottinez, tu m'as oublié.

SOTTINEZ. Dieu me pardonne! elle est partie de ce petit calorifère; je rêve tout éveillé.

LA VOIX. As-tu du courage?

SOTTINEZ. Je ne sais pas. Que faut-il faire?

LA VOIX. Lève ce couvercle, et regarde-moi sans reculer.

SOTTINEZ. Qu'est-ce qui va sortir de là-dedans?

Il jette le couvercle, aussitôt le calorifère devient une sorte de trépied, sur lequel est assise Sara.

SCÈNE V.

SOTTINEZ, SARA.

SOTTINEZ. Tiens! c'est une vieille femme.

SARA. Sottinez, tu veux te venger?

SOTTINEZ. À tout prix.

SARA. Est-ce ton dernier mot?

SOTTINEZ. Pour faire enrager mon rival, pour lui rendre tout ce que je lui dois de mésaventures, je serais capable...

SARA. De m'épouser?

SOTTINEZ. Hein?

SARA. Le courage te manque déjà. Adieu.

SOTTINEZ. Un moment : c'est une proposition comme une autre, et je n'ai pas dit non.

SARA. C'est qu'il me faut plus qu'une promesse ; je veux un engagement signé, un pacte dans toutes les règles.

SOTTINEZ. Mais d'abord, qui êtes-vous ?

SARA. Sara la sorcière.

SOTTINEZ. Une sorcière !

SARA. Richesse et puissance ! voilà ce que je t'apporte en dot.

SOTTINEZ. Vous êtes riche ?

SARA. Assez pour t'acheter un royaume et le payer comptant.

SOTTINEZ. Un royaume... et vous pauvres... ?

SARA. Tout pour mon mari.

SOTTINEZ. Vous me livreriez mon rival ?

SARA. Le pacte signé, je le remets entre tes mains ; tu pourras le faire pendre ou brûler à ta fantaisie.

SOTTINEZ. Et Isabelle ?

SARA. Signe, et je te la donnerai pour en faire tout ce que tu voudras... excepté ta femme pourtant.

SOTTINEZ. C'est bien tentant. (A part.) Si j'étais aveugle, je signerais tout de suite ; mais elle a une tête de vieux griffon. (Haut.) Quel âge pouvez-vous bien avoir, là ? de cinquante-cinq à quatre-vingt-sept ans.

SARA. Je ne veux pas te tromper ; j'ai onze cent onze ans.

SOTTINEZ. Onze cent onze ans ! C'est donc la veuve de Mathu Salem ? Après tout, c'est une curiosité, qu'une femme pareille... Eh bien, touchez là, votre âge me décide.

Air : Fille de l'Apothicaire.

Je n'aurais pas donné ma main
À quelque vieille douairière ;
Mais je puis bien et presse demain
Vous offrir toute la grande chère ;
Je pourrai dire que cette nuit
La femme, tel, que je t'épouse
Est au moins mille ans...
Et vous couchée de déluge,
Elle est née dans le chaos,
Et se baigne dans le déluge.
Je signerai quand vous voudrez.

SARA. Mets-toi devant cette table et écris.

SOTTINEZ. Je ne vois ni plume, ni encre, ni parchemin.

SARA. Regarde bien.

La table devient un secrétaire garni de tout ce qu'il faut pour écrire.

SOTTINEZ. Bravo ! vous avez voulu me donner un échantillon de votre savoir-faire. L'attention est délicate. (A part.) Elle a dû être bien, cette femme-là, du temps des Romains et des Carthaginois. (Haut.) C'est signé.

SARA. Voici un talisman avec lequel tu pourras faire tout ce que tu voudras.

SOTTINEZ. Qu'est-ce que c'est que ça ?

SARA. Une mèche de mes cheveux. Rabilment que veux-tu ?

SOTTINEZ. Albert et Isabelle.

SARA. Ils sont là, dans ces deux chambres.

SOTTINEZ. Ah ! ah ! mon petit monsieur, nous allons rire. Qu'en ferai-je du seigneur Albert ? Si je l'envoyais dans une maison de fous ?

SARA. Il y est.

SOTTINEZ. Et Isabelle, où l'enverra-t-il ?

SARA. Chez son père... mauvais sujet.

SOTTINEZ. A propos. Qu'est devenu le vénérable Seringuinos ?

SARA. Il vient à toi. A demain, mon gentil futur, à demain.

SOTTINEZ. Jusqu'au plaisir de vous revoir. (Sara disparaît avec son secrétaire.) J'aurai un talisman, ma foi, vivent les vieilles femmes !...

SERINGUINOS, entrant. Il n'y a pas moyen de donner lui-même son gendre, je veux m'en aller.

SOTTINEZ. Votre gendre ! votre gendre !... Si ça vous est égal, appelons-nous autrement. (A part.)

Ma future n'aurait qu'à se fâcher.

SERINGUINOS. Je voudrais quitter ces lieux... je voudrais me retirer.

SOTTINEZ. Ma voiture est à la porte.

SERINGUINOS. J'aimerais mieux une chaise à porteurs ; je dormirais là pendant la route.

SOTTINEZ, appelant. Une chaise à porteurs ! Deux grands laquais apportent une chaise.) Mettez-vous là, pharmacien, vous serez comme dans votre lit.

SERINGUINOS. Je ne demande pas autre chose. Merci, mon gendre... (Dans la chaise.) Je n'ai jamais été si bien de ma vie.

SOTTINEZ, aux porteurs. Quelque chose qui arrive, vous n'arrêterez qu'à Madrid. Adieu, beaupère ; je monte en voiture, et je vous attendrai chez vous.

SERINGUINOS, parlant aux porteurs par la petite fenêtre de la chaise. Allons, partez, mes amis ! allez bien doucement, que je sois là-dedans comme dans une barcelonnette.

LA FOLIE, paraissant. Veux-tu bien marcher, vieux paresseux !

A ce moment, les Porteurs se mettent en marche ; mais la chaise se défonce, et Seringuinos, forcé de suivre le mouvement, marche aussi vite que ceux qui le portent.

SERINGUINOS, à sa petite croisée. Dites donc ! dites donc ! qu'est-ce que c'est qu'une voiture pareille ? j'aimerais autant aller à pied ; je ne pourrai jamais dormir comme ça... Arrêtez... arrêtez !

UN PORTEUR. Nous avons ordre de n'arrêter qu'à Madrid ; en route !

SERINGUINOS. Ah ! que c'est bête !... J'aime mieux descendre ! (Il sort en criant.) Arrêtez ! arrêtez !

SCÈNE VI.

LA FOLIE, riant.

Encore un bon tour joué à ce vilain Seringuinos... Mais, hélas ! Sara l'emporte ; le diable s'en mêle, et son pouvoir est irrésistible ; mais je n'abandonnerai pas mes protégés... J'irai trouver Satan lui-même ; il a parfois de bons moments... Il aime à m'entendre raconter toutes les sottises de ce pauvre genre humain, et si je puis le faire rire, j'en obtiendrai tout ce que je voudrai... On vient, c'est Rabilas et Rodriguez. Malheur à eux, ceux-là n'ont pas Sara pour les protéger.

Elle sort.

SCÈNE VII.

RABILAS, RODRIGUEZ.

Rabilas tient dans plusieurs assiettes une bouteille et un verre.

RODRIGUEZ. Vraiment ridicule !

RABILAS. Tiens, où donc est le seigneur Sottinez ?

RODRIGUEZ. Il se sera remis en course.

RODRIGUEZ. S'il pouvait se casser quelque petite chose, ça me ferait plaisir.

RODRIGUEZ. Jeune homme, je suis d'avis de souper en causant où de causer en soupant.

RABILAS. Vous avez raison, militaire. Mettons-nous là... Si j'allais éveiller maître Seringuinos...

RODRIGUEZ. Du tout... J'ai étudié dans les proverbes, et il y en a un qui dit fort sagement : Qui dort...

RABILAS. Dîne.

RODRIGUEZ. Maître Seringuinos est servi... pensons à nous.

RABILAS. Voilà des pigeons dont vous me direz des nouvelles.

RODRIGUEZ. Voyons ! à table.

Les chaises sur lesquelles ils vont s'asseoir disparaissent et reparaissent loin de la table.

RABILAS. Vous m'avez pris ma chaise, militaire. Tiens ! la voilà là-bas.

RODRIGUEZ. Ce n'est pourtant pas moi qui l'ai changée de place... Et la mienne, où est-elle ?

RABILAS. Tiens ! la voilà de l'autre côté !... Ah ! j'en tiens une.

Ils veulent les aller prendre, mais elles disparaissent encore et reviennent près de la table.

RODRIGUEZ. Et moi aussi... C'est très-fatigant cet exercice-là.

RABILAS. Ces chaises sont d'une nouvelle invention.

RODRIGUEZ. Servez-moi, Rabilas ; je vais déboucher la bouteille.

Pendant que Rodriguez débouche la bouteille, ce que Rabilas lui avait servi est avalé par le portrait placé au-dessus de la glace.

RABILAS. Voilà.

RODRIGUEZ. Servez-moi donc !

RABILAS. Vous avez déjà fini ?

RODRIGUEZ. Quoi ?

RABILAS. Je vous ai donné un pigeon...

RODRIGUEZ. Allons donc !

RABILAS. Je vous le jure sur votre épée militaire. (A part.) Je crois que ses grandes bottes lui servent à divers usages ; il y fait des provisions.

RODRIGUEZ. Servez-moi donc, Rabilas ! vous voyez bien que je suis occupé.

RABILAS. Allons, je vais recommencer. Militaire, vous n'avez pas la mémoire de l'estomac. (Pendant que Rabilas parle, ce qu'il avait sur son assiette est aussi enlevé et avalé par le portrait.) Ah ça, est-ce que les assiettes fuient ?

RODRIGUEZ. Prenez le plat.

Le plat est aussi avalé par le portrait. Rodriguez et Rabilas se lèvent effrayés.

RABILAS. Il y a quelque ogre sous la table. (Ils se baissent tous deux pour regarder sous la table. La table disparaît dans la glace.) Ah ! je tombe de mon haut. (Il tombe, croyant s'asseoir, mais la chaise s'encore disparu, et il tombe assis par terre ; même jeu pour Rodriguez. Se relevant.) Voilà les farces qui recommencent... Oh ! mais, ça ne se passera pas comme ça... (Hésitant.) Militaire, donnez-moi votre sabre, s'il vous plaît, je vous fais un malheur, j'ai besoin de faire un malheur.

Il veut prendre le sabre et casse la bouteille que Rodriguez tenait à la main.

RODRIGUEZ. Imbécile !

Il saisit un jeu de trictrac et poursuit Rabilas, qui se sauve.

MAGLOIRE, paraissant. C'est ici que mon maître a dû m'arrêter. (Les regardant courir.) Tiens, on joue aux barres... Dites donc, j'en suis.

A ce moment, Rodriguez, croyant atteindre Rabilas, veut lui jeter le trictrac à la tête, mais Rabilas se détourne, et c'est Magloire qui reçoit le coup, ensuite le trictrac se transforme en cage, dans laquelle Magloire est enfermé. Rabilas et Rodriguez effrayés se sauvent. Magloire disparaît avec la cage.

DEUXIÈME TABLEAU

Le théâtre change et représente une place publique plantée d'arbres ; au fond, une maison de santé ; à droite, un bosquet de fleurs.

SCÈNE PREMIÈRE

LA FOLIE, seule.

J'ai vu Satan ; il était de bonne humeur, je l'ai fait rire, j'en ai obtenu tout ce qu'il a pu m'accorder. Je pourrai maintenant lutter à armes égales contre la vieille. Allons d'abord respecter ce pauvre Albert, qui m'attend sans doute de l'avoir abandonné ; je lui rendrai son Isabelle, ou j'y perdrai ma marotte.

Elle entre dans la maison des fous.

SCÈNE II.

SERINGUINOS, toujours dans sa chaise ; les porteurs arrivent au pas de course ; le pauvre apothicaire suit le mouvement ; RABILAS, court à côté de la chaise.

RABILAS. Arrêtez ! arrêtez !... c'est lui. (Se jetant à la tête du premier porteur.) Vous voulez bien arrêter, canaille ! tu vas faire mourir cet honnête homme.

La chaise s'arrête et Seringuinos en sort.

SERINGUINOS. Ah ! mon pauvre Babilas, tu m'as sauvé la vie… si ça avait continué, j'allais marcher sur les genoux.

BABILAS. Je vous ai vu passer dans la rue d'Oviedo, vous alliez comme le vent ; je n'ai pu vous rejoindre qu'ici.

LE PORTEUR. Notre bourgeois, si vous êtes content, n'oubliez pas les porteurs… quelque chose pour boire.

SERINGUINOS. Quelque chose pour l'étrangler, oui, misérable.

LE PORTEUR. Nous sommes pourtant venus bon train.

SERINGUINOS. Va-t'en de même, ou bien…

LE PORTEUR. Cependant il faut qu'on nous paye, ou nous allons vous ramener où nous vous avons pris.

SERINGUINOS. Du tout ! du tout ! j'aime encore mieux payer. Tiens, voilà six maravédis. Si jamais on me voit reprendre vos voitures ! (Les porteurs sortent avec la chaise.) Si c'est une nouvelle invention, je crois que ce moyen de transport aura peu de succès.

BABILAS. Mais pourquoi vous êtes-vous mis dans cette chaise ?

SERINGUINOS. C'est Suttinez qui, ayant pitié de ma faiblesse, avait fait avancer ces hommes… il ne croyait sans doute pas cette locomotion aussi fatigante ; Babilas, je veux me reposer.
Ses jambes plient.

BABILAS. Où ça ? pas une chaise, pas un banc.

SERINGUINOS. Babilas, je ploie sous le fardeau de mes malheurs.

BABILAS. Venez à ma maison.

SERINGUINOS. C'est ça, pour entendre les propos de tout le quartier sur mes infortunes de famille ! Je vais demander un asile à Bernadille, le maître de cette maison de santé… c'est une de mes pratiques… Frappe à la porte, Babilas.
Babilas va frapper.

SCÈNE III.

Les Mêmes, BERNADILLE.

BERNADILLE. Bonjour, seigneur Seringuinos ; que voulez-vous de moi ?

SERINGUINOS. Mon cher ami, je voudrais me reposer !…

BERNADILLE. Donnez-vous la peine d'entrer.…

SERINGUINOS. Je voudrais me reposer toute la journée, toute la nuit, et recommencer demain… il me semble que je dormirais mille et une nuits sans m'arrêter.

BERNADILLE. Très-bien, très-bien… tant que vous voudrez… Vous êtes donc bien fatigué ?

SERINGUINOS. Je suis rompu… et si je me tiens debout pour vous parler, c'est par décence… et parce que Babilas me soutient. N'est-ce pas, Babilas, que je suis bien pesant ?

BABILAS. Pesant n'est ce pas le mot, vous êtes résistant… et ça vous était égal d'entrer pour finir la conversation, ça m'irait aussi.

SERINGUINOS. Du tout non, Babilas… Seigneur Bernadille, je vous demande une chambre… un endroit d'entendu… mais une chambre dans laquelle on n'entende pas voler une mouche… j'ai besoin de silence… j'ai tant vu de choses… j'en ai tant entendu, que j'ai besoin d'un calme aussi grand que possible.

BERNADILLE. Voici une chambre qui donne sur le jardin, je vais vous la donner ; il n'y a dans cette partie de la maison que des paralytiques, ça ne fait pas de bruit, comme vous pensez.

SERINGUINOS. Cette société me sera infiniment agréable. Venez, Babilas.
Ils entrent tous trois dans la maison.

SCÈNE IV.

LA FOLIE, seule.

Ah ! tu veux te reposer, bien entendu !… nous allons voir ; tu n'es pas au bout de tes tribulations. Elle se cache. Seringuinos, Bernadille et Babilas paraissent à la fenêtre du milieu.

BERNADILLE. Vous voyez, seigneur Seringuinos, que vous êtes ici en bon air, et que tout est silencieux autour de vous.

SERINGUINOS. C'est parfait. Donne-moi une robe de chambre, Babilas, et un bonnet de coton ; je ne me repose bien qu'emboîté de coton. (S'étendant dans son fauteuil.) Ah ! quel plaisir d'étendre ses malheureux membres !… (À peine Seringuinos est il resté un moment en repos, que toutes les fenêtres de la maison s'ouvrent, et à chaque étage et à chaque appartement s'entendent les bruits les plus bruyants. Là, c'est un piqueur qui sonne du cor ; ailleurs, c'est un serrurier qui forge, un chaudronnier, un menuisier ; concert épouvantable.) Ah ! mon Dieu ! qu'est-ce que c'est que ça ? c'est à n'y pas tenir, Bernadille, Bernadille. (Aussitôt que Seringuinos a quitté la fenêtre, toutes les autres fenêtres se referment vivement, Seringuinos sort de la maison avec Bernadille et Babilas.) C'est un guet-apens, c'est une barrière !

BABILAS. Pour un calme, en a t-il un fier !

BERNADILLE. Qu'avez-vous donc, seigneur Seringuinos ?

SERINGUINOS. Comment ! vous me louez à côté d'un tas de serruriers qui frappent toujours, d'autres qui donnent du cor ; c'est à n'y pas tenir… j'ai pourtant bien besoin de me reposer.

[Pendant ce temps, les tapages recommencent toutes, et on voit aux différents appartements et aux croisées de petits fantômes les uns faisant les autres écoutant.]

BERNADILLE. Je ne comprends rien à ce que vous me dites. Regardez, presque tous mes pensionnaires dorment, et ils ne peuvent se livrer à un exercice plus paisible et surtout moins bruyant. (Bas, à Babilas.) Est-ce que la tête est dérangée ?

BABILAS, de même. Il y a quelque chose.

SERINGUINOS. Vous allez voir que c'est moi qui ai tort. Je … convaincu que ces particuliers te me paraissent … pas raisonnables… cependant j'ai bien entendu le tô ! ta ta !. Enfin, mon cher ami, il est possible que ce soit un effet de mon imagination ; depuis vingt-quatre heures j'ai la tête confuse ou relevée en pleine éruption. Allons, rentrons, Babilas, car je ne me suis pas encore beaucoup reposé.
Ils rentrent.

SCÈNE V.

LA FOLIE, seule.

Si tu dors aujourd'hui, tu auras le sommeil bien dur ; je vais t'envoyer une troupe de gaillards qui pourront bien troubler ta solitude.
Elle rentre dans l'hospice des fous.

SERINGUINOS, reparaissant à la fenêtre. Je m'étais décidément trompé ; je crois qu'il me fondrait quelques bonnes douleurs à … qui me mis de cela. (Toutes les fenêtres se rouvrent, et le concert recommence ; Seringuinos crient près la fenêtre.) Ah ! pour le coup, j'en conviens maintenant… (Criant.) Bernadille, Bernadille ! (Toutes les fenêtres se referment.) Assurez vous… Babilas ! Babilas !

SCÈNE VI.

BERNADILLE, BABILAS, SERINGUINOS à la fenêtre.

BABILAS. Qu'est-ce qu'il y a encore ?

BERNADILLE, en bas, et levant la tête. Seigneur Seringuinos, je serai forcé de vous prier de retourner chez vous ; vos cris troublent la tranquillité habituelle de ma maison.

SERINGUINOS. Mon pauvre diable, tranquille ? il est bien, la tranquillité de votre maison ! c'est un sabbat à briser les tympans de ménagerie.

BERNADILLE. Laissez-nous [illegible] des douleurs…

SERINGUINOS. Je vous le dis, c'est un trait infâme.

BERNADILLE. Allez au diable !

SERINGUINOS. Je crois que j'en arrive.

SCÈNE VII.

Les Mêmes, SUTTINEZ.

SUTTINEZ, entrant. Mon beau-père ! où est mon beau-père ?

BERNADILLE. Qui êtes-vous, monsieur ?

SUTTINEZ. Son gendre, apparemment.

BERNADILLE. Qui demandez-vous ?

SUTTINEZ. Mon beau-père.

BERNADILLE. Si vous continuez sur ce ton, nous resterons longtemps sans nous comprendre.

SERINGUINOS, à la fenêtre. Ah ! vous voilà, mon cher Suttinez !

SUTTINEZ. J'ai de bonnes nouvelles ; Isabelle est en mon pouvoir.

SERINGUINOS. Vraiment !

SUTTINEZ. Et j'ai un talisman invincible avec lequel je vous conduirai au bout du monde.

SERINGUINOS. Comme c'est un peu loin, je vous prierai que ce n'est pas en chaise à porteurs. Voyez, mon ch… écoutez, je vais vous conter mes malheurs ; je suis victime de toutes les manières, et Babilas aussi.

SUTTINEZ, à Bernadille. Mais que c'est-il passé ?

BERNADILLE. Ce qu'il y aurait de mieux à faire montrant l'hospice des fous, ce serait de le mettre là pendant quelques jours.

SUTTINEZ. Vous croyez ?

BERNADILLE. Parole d'honneur ! demandez à ce maçon.

BABILAS. Oui, je crois que décidément le patron est toqué.
Ils rentrent dans la maison.

SCÈNE VIII.

LA FOLIE, seule.

Bien ! les voilà réunis, c'est ce que je voulais. Suttinez, vous allons voir si même avec ton talisman tu pourras lutter contre moi. Et d'abord, tombez, grilles et verrous qui retenez là dedans de pauvres diables qui n'ont que le malheur de ne savoir pas cacher leur folie ; à vous, pauvres amants trompés, pauvres femmes abandonnées, à vous tous un peu d'air et de liberté.

[À un signe de la Folie, toutes les portes, toutes les grilles tombent, et des fous en grand nombre s'élancent sur la place.]

SCÈNE IX.

LA FOLIE, ALBERT, LES FOUS.

Air du Muletel de la Muette.

Qu'il est doux de pouvoir, par le baal
S'affranchir des murs si ritude,
Pour courir mieux souffle au air pur,
Et pour nous mêler un ciel d'azur.

[À ce moment Suttinez, Seringuinos et Bernadille paraissent aux croisées.]

SUTTINEZ. En voilà un sabbat !

LA FOLIE, aux Fous. Mes amis, je suis la pucelle d'Orléans ; voici mon gentil roi Charles VII. (Elle prend Albert par la main.) J'ai promis que je le ferais entrer à Reims… sus aux Anglais ! sus. Sus aux Anglais !

SUTTINEZ. Voilà une folle qui est amusante, elle se croit…

SERINGUINOS. D'Orléans.

LA FOLIE. Les voilà sur leurs remparts, sus ! Suttinez ; il faut les en chasser. À l'assaut ! sus. À l'assaut !

SERINGUINOS. Ah ! ça, dites donc ; je serais flatté de voir arriver la peste et que s'en aller.

LA FOLIE. Moi, M. ?… je suis l'empereur de la Chine, je vous fournirai des monceaux.
Il lance un tas de pierres.

TOUS. Bravo!

UN AUTRE FOU.

Et moi, Jupiter, je vais vous donner une échelle pour escalader le ciel.

Il en apporte une.

SERINGUINOS. Défendons-nous.

Il saisit une énorme seringue.

LA FOLIE.

Axe de tuilleums [illegible].

Vite et tôt,
Vite et tôt,
Soldats, en bataille,
Car il faut,
Et bientôt
Les chasser d'en haut,
Vite et tôt,
Vite et tôt,
Malgré leur mitraille,
Nous allons les grands d'assaut,
REPRISE EN CHŒUR
Vite et tôt, etc.

LA FOLIE. À l'assaut!

SOTTINEZ. Un moment. Vous ne nous chasserez pas d'ici, madame la pucelle.

LA FOLIE. C'est ce que nous allons voir.

À un signe de la Folie, la maison est renversée, le toit est en bas et la porte en l'air; Sottinez et Seringuinos sortent en marchant sur les mains; la tête en bas; tout le monde s'arrête. Le théâtre change.

TROISIÈME TABLEAU.

Une boutique de barbier avec cette enseigne : BIGARO, BARBIER, SAIGNEUR, COIFFEUR, DENTISTE ET PÉDICURE; un énorme rasoir suspendu au-dessus de la porte.

SCÈNE PREMIÈRE.

SOTTINEZ, puis BIGARO.

SOTTINEZ, entrant. Holà! barbier-coiffeur!... il n'y a donc personne dans cette baraque?

BIGARO, paraissant. Si, signor; que désire votre excellence? a-t-elle la barbe longue, je la coupe; les dents avariées, je les arrache; des cors gênants, je les extirpe; le tout pour le bien de l'humanité et la modeste somme de deux maravédis.

SOTTINEZ. Mets tous tes fers au feu, drôle! et relève mes boucles, qui en ont terriblement besoin.

BIGARO. C'est de la tête qu'il s'agit, vous ne pouviez mieux vous adresser, seigneur cavalier; vous voyez en moi le coiffeur breveté de onze têtes couronnées dont je suivrai les fers; patrons, oignons, poireaux, lentilles et mâchoires; regardez dans la montre, excellence, vous y verrez la mâchoire du roi de Congo, vous y verrez...

SOTTINEZ. Je n'ai pas le temps d'écouter tes sornettes; coiffe-moi vite, et tranquille.

BIGARO. À quelque tableau vous d'amour. Son meilleur est assez bel homme pour que les dames de Madrid se l'arrachent.

SOTTINEZ. Tu trouves, faquin?

BIGARO. Il ne vous manque que d'avoir passé par les doigts de l'adroitissime Bigaro; asseyez-vous, excellence... (Il amène un fauteuil) une minute, et je suis sûr votre effet.

Il entre chez lui.

SCÈNE II.

SOTTINEZ, seul, se regardant.

[illegible] à raison, mon physique n'a vraiment pas trop souffert des aventures désagréables qui [illegible]. Mais à présent, mon petit coquin, tu ne me mettras plus sous dessus dessous; tu ne me feras plus marcher les talons de bottes en l'air, exercice plus qu'incommode et tout à fait immoral... Ma vieille sorcière a mis ordre à ce renversement de choses; elle m'a muni d'un talisman... une mèche de ses cheveux d'une épaisseur d'ancheur et d'une longueur... ce n'est pas étonnant, c'est une perruque de mes cent ans aussi; je [illegible] une chaîne, (Il montre une espèce de corde à puits) et ce n'est pas près de reprendre la Folie, je l'accroche au père Seringuinos, et quand

---

je serai coiffé, nous partirons; et pour nous éloigner plus vite de Madrid, nous prendrons le chemin de fer, c'est une invention nouvelle dont je veux essayer... Si mon rival me poursuit, je pourrai, à l'aide de mon talisman, me donner le plaisir de l'éreinter de toutes les manières... Ah! ah! je m'en donnerai, je le ferai tourner comme un toton, je le ferai danser sur la pointe des cheveux.

BIGARO, rentrant avec un fer. Me voilà, altesse, me voilà.

En ce moment, la Folie en costume de danseuse espagnole, entre en dansant.

SCÈNE III.

LES MÊMES, LA FOLIE.

SOTTINEZ. Par saint Jacques de Compostelle, voilà une jolie fille!

LA FOLIE. Vous trouvez, signor?

BIGARO, tout en coiffant Sottinez. C'est quelque saltimbanque.

SOTTINEZ. Qui est-ce? et comment t'appelles-tu?

LA FOLIE. J'ai nom Zambinella, et je suis danseuse; j'ai fait la fortune de mon directeur, et il vient de me renvoyer parce que, dit-il, je ne suis plus assez légère.

Elle fait un entrechat.

SOTTINEZ. Mais c'est une sylphide.

BIGARO. Un vrai vent.

LA FOLIE. Il trouve mes yeux sans expression.

Elle regarde Sottinez.

SOTTINEZ. Mais ils sont assassins, tes yeux.

LA FOLIE. Mes bras sans grâce.

Elle prend une pose.

SOTTINEZ. Le rustre!

LA FOLIE. Mes jambes trop maigres.

Elle lève la jambe jusqu'au nez de Sottinez.

BIGARO. Quels mollets!

SOTTINEZ. Vénus n'était pas plus rondelette.

LA FOLIE. Ma taille mal prise.

SOTTINEZ. C'est un imbécile.

LA FOLIE. Et vous?

SOTTINEZ. Hein?

LA FOLIE. Êtes-vous de son avis?

SOTTINEZ. Pas du tout.

LA FOLIE. Voulez-vous de moi?

SOTTINEZ, se levant. Certainement. (A part.) Elle est bien plus jolie qu'Isabelle.

LA FOLIE. Vous êtes directeur?

SOTTINEZ. Je serai tout ce que tu voudras.

LA FOLIE. Alors vous me ferez débuter par mon pas de châle; c'est mon triomphe, vous allez en juger. Avez-vous une écharpe à me prêter?

SOTTINEZ. Je n'ai que des perruques.

LA FOLIE, prenant la grosse chaîne en cheveux que porte Sottinez. Voilà ce qu'il me faut.

SOTTINEZ. Un moment!

LA FOLIE. Je ne veux pas que vous me preniez de confiance.

SOTTINEZ. Mais...

Air : Oui, vous êtes de mon tour. (Chambord.)

A l'instant, de tout talent
Vous allez juger vraiment;
Cette chaîne
Qui vous gêne
Va me servir, c'est charmant.
SOTTINEZ.
Trop vite tu parles,
Rends-moi de bijou.
LA FOLIE.
Non, non, je veux vous plaire
En dansant mon pas radou.
SOTTINEZ.
Pour elle, du talisman
Séparons-nous un moment;
Cette chaîne,
Sans grand peine
Me reverra, c'est charmant.

La Folie danse quelques pas.

SOTTINEZ. Tu es un ange, et je te donnerai tout ce que tu voudras.

LA FOLIE. Je ne veux rien, seigneur, qu'un souvenir de vous, et je garde cette chaîne.

SOTTINEZ. Hein! comment? je m'y oppose.

LA FOLIE. Pourtant je ne vous la rendrai pas.

SOTTINEZ. Mais tu ne sais pas...

LA FOLIE. Je suis au contraire, don Sottin, que cette chaîne est un talisman; je sais qu'elle te aurais eu presque de l'esprit, tandis sans elle tu ne seras plus qu'un sot imbécile, vais juré de te prendre ce don précieux vieille Sarah; je le tiens et je le garde.

SOTTINEZ. Oh! tu me rendras ma chaîne.

LA FOLIE. Jamais.

SOTTINEZ, courant après la Folie.
Air de la Galopade.
Ah! je l'aurai.
LA FOLIE, se sauvant.
Jamais contre mon gré.
SOTTINEZ, même jeu.
Me voler de la sorte!
LA FOLIE.
Le vent m'emporte,
Si je veux,
En tous lieux.
SOTTINEZ.
Ah! rends-moi mes cheveux!
LA FOLIE.
Tu t'essouffles en vain.
SOTTINEZ.
Je suis comme un crin!
Craint ma colère,
LA FOLIE.
Si tu veux courir,
Je puis te donner ce plaisir.
SOTTINEZ.
Quand je te tiendrai,
Je m' vengerai.
LA FOLIE.
Ainsi, pauvre hère,
Pour me contenter
Prends donc les ailes du zéphyr.
ENSEMBLE.
SOTTINEZ.
Ah! je l'aurai,
Vois-tu bien gré, mal gré.
Me voler de la sorte!
Si j' veux l'emporte
En tous lieux,
Moi je veux
Reprendre mes cheveux.
LA FOLIE.
Ah! je l'aurai,
Vois-tu! bien gré mal gré.
Tu gardes en vain la porte,
Le vent m'emporte
En tous lieux,
Et je veux
Te souffler tes cheveux.

Elle sort en courant, et Sottinez se suit.

BIGARO. Eh ben! dites donc, et mon argent? Oh! mais ça ne se passera pas comme ça.

Il prend un fer qui chauffait, et veut courir après Sottinez; il rencontre Magloire qui entrait dans la boutique et qui brûle avec son fer.

SCÈNE IV.

BIGARO, MAGLOIRE.

MAGLOIRE. Aïe! merci! oh! là! là!... oh! là! là!...

BIGARO. Est-ce que je vous ai fait mal?

MAGLOIRE. Au contraire, vous m'avez brûlé le nez... Dieu! que ça me cuit! j'en aurai deux ou trois cloches! il ne me manquait plus que ça.

Il a une fluxion, et le nez tout rouge par le fer.

BIGARO. Monsieur, vous ne vous en irez pas d'ici sans que j'aie réparé ce petit accident.

MAGLOIRE. Vous êtes bien honnête, mais j'ai une dent...

BIGARO. Contre moi? c'est mal.

MAGLOIRE. Du tout! j'ai une dent, dis-je, qui ne me permet pas de sentir mon nez.

BIGARO. Vous avez mal aux dents? comme c'est heureux!

MAGLOIRE. Ah! monsieur, j'ai peur d'en devenir hydrophobe. Ça me vient d'un coup d'air que j'ai attrapé dans un jeu de trictrac.

BIGARO. Qu'est-ce qu'il dit?

MAGLOIRE. C'est un bien vilain jeu, monsieur, que le jeu de trictrac!

BIGARO. Vous avez la figure dans un fâcheux état, mais je vais vous guérir en un tour d'œil.

MAGLOIRE. Vous arrachez les dents, perruquier?

BIGARO. J'ai même un pour cela un brevet d'invention de l'empereur de Maroc.

MAGLOIRE. Vous avez une belle clientèle, pédicure; mais je vais vous dire, monsieur, je suis fort délicat des nerfs, et la vue de vos horribles instruments...

BIGARO. Rassurez-vous, jeune homme; je n'ai pas eu mes brevets d'invention pour travailler comme tout le monde.

MAGLOIRE. Vous avez donc aussi inventé quelque chose?

BIGARO. Monsieur, mon invention est si simple, qu'au premier aspect elle semble...

MAGLOIRE. Je comprends... Essayons-en; passez des moments désagréables.

BIGARO, examinant la mâchoire. La dent est de la plus profonde noirceur.

MAGLOIRE. Scélérat de trictrac!... Si vous aviez pu inventer le moyen de m'arracher cette dent sans y toucher...

BIGARO. C'est précisément cela.

MAGLOIRE. Voilà!... voilà qui est admirable!... Je voudrais être roi, grand artiste, je placerais cent écus sur votre tête.

BIGARO. Voilà mon instrument.

MAGLOIRE. Tiens! c'est une pelote de ficelle.

BIGARO. Je vais fixer l'extrémité de cette ficelle dans votre mâchoire, puis je m'en irai à l'autre bout de la place, et la dent viendra me trouver.

MAGLOIRE. Je serai curieux de la voir s'en aller.

BIGARO. Attention!

Il se place en face de Magloire, et tire un pistolet de sa couture.

MAGLOIRE. Qu'est-ce que vous allez faire, coiffeur?

BIGARO, visant. Presque rien, je vise à la tête. Une... deux... trois...

Il tire.

MAGLOIRE. Aïe! aïe! (Il s'est rejeté en arrière pour éviter le coup de feu, et la dent paraît au bout de la ficelle.) En voilà une, d'invention!

BIGARO, montrant une énorme dent. Et voilà une terrible dent!

MAGLOIRE. Comment! c'est à moi ça!... J'avais ce poteau-là dans la bouche!

BIGARO. Si vous voulez m'en faire l'hommage, je la ferai passer pour une dent de rhinocéros.

MAGLOIRE. Avec plaisir, coiffeur. Maintenant il me faut encore quelque chose. Regardez-moi ça... (Il montre sa tête chauve.) Croiriez-vous que j'avais hier les plus beaux cheveux du monde? un grand diable me les a emportés; pourriez-vous m'en procurer?... je les veux rouges et bon teint.

BIGARO. Dans cinq secondes, vous pourrez vous coiffer à la Louis XIV. Vous voyez cette tête à perruque, eh bien! en la frottant de ma pommade blanquablaguomaque, elle va se couronner d'une forêt de cheveux... De quelle couleur les voulez-vous?

MAGLOIRE. Rouges... c'est une couleur que j'affectionne pour les cheveux et pour les bas.

BIGARO. Voyez.

La tête à perruque se couvre de cheveux.

MAGLOIRE. Oh! comme ça pousse!... Ah! je n'y tiens pas! je veux en essayer... j'éprouve depuis longtemps le désir d'avoir des moustaches, je veux m'en faire cadeau... Passez-moi le pot. (Il y met le doigt, et son doigt est aussitôt velu comme un pinceau.) Qu'est-ce que c'est que ça?

BIGARO. Imprudent!

MAGLOIRE. Voilà une pommade bien dangereuse... je ne pourrai plus me présenter dans le monde avec un doigt panaché... Vous allez me couper ça, et tout de suite.

BIGARO. Passez-moi votre doigt. Ah ça, je n'ai jamais vu de crins aussi durs... mes ciseaux n'en peuvent venir à bout.

MAGLOIRE. Je ne puis pourtant pas rester comme ça!... Arrivez donc, perruquier... N'avez-vous pas quelque rasoir? (Il entre dans la boutique, et passe la tête par la fendre. Le rasoir se détache et coupe la barbe de Magloire. La tête roule et s'en va, et Magloire sort de la boutique en courant à (Idem) après sa tête.) Ma tête! ma tête!

Bigaro sort en courant avec Magloire.

QUATRIÈME TABLEAU.

Le théâtre représente le point de départ du chemin de fer; au fond, un grand mur.

SCÈNE PREMIÈRE.

JOBARD, BABILAS, LA FOLIE, en costume de chauffeur anglais; VOYAGEURS.

LA FOLIE.
AIR : L'or est une chimère.
On n' connaît plus à la ronde
Qu'un' postillon que l'chauffeur!
Nous avons changé le monde
En inventant la vapeur.
Malgré moi je m'irrite
De m' voir dépasser par l'éclair!
Mais, je veux aller si vite,
Que nos voyageurs mangent tant d'air.
On n' connaît plus à la ronde, etc.

Nous allons essayer une nouvelle machine.

JOBARD. Très-bien.

LA FOLIE. Vous serez comme dans une bouffée de vent... nous passerons sur la route comme un orage, nous arriverons comme le tonnerre, et nous disparaîtrons comme l'éclair.

BABILAS. Ah! voilà ma société qui arrive.

LA FOLIE, à part. C'est pour toi que je suis ici, don Sottinez... tu n'as plus ton talisman; à nous deux.

SCÈNE II.

Les Mêmes, SOTTINEZ, SERINGUINOS, ISABELLE, puis ALBERT, en costume de chauffeur, comme la Folie.

SOTTINEZ. Arrivez donc.

SERINGUINOS. Mon gendre, vous me ferez mourir de vieillesse avant l'âge.

SOTTINEZ. Je vous ferai partir d'abord, et bien vite... (A part.) Depuis que j'ai perdu mon talisman, je suis en proie à une continuelle venette.

ISABELLE. Où me conduisez-vous donc?

SOTTINEZ. Le plus loin possible de mon rival.

ISABELLE. Il nous rattrapera toujours.

SOTTINEZ. Je l'en défie.

ALBERT, s'approchant d'Isabelle. Je suis là, chut!

SERINGUINOS. Fille dénaturée! n'aurez-vous pas pitié des cheveux blancs et des jarrets de votre malheureux père?

ISABELLE. Je n'aimerai jamais don Sottinez.

SERINGUINOS, bas. Je commence à le croire.

BABILAS. Elle a une tête, la petite Seringuinos.

SOTTINEZ. Il me faut quatre places.

LA FOLIE. Nous n'en avons plus que trois.

SERINGUINOS. Babilas nous suivra à pied; je l'ai pris pour tout faire.

BABILAS. Mais je ne vous rattraperai jamais.

LA FOLIE. En voiture.

TOUS. En voiture.

Albert emmène Isabelle.

SERINGUINOS. Ma fille! où va-t-on charger ma fille?

LA FOLIE. Soyez tranquille, papa, elle est en bonnes mains; vous monterez avec votre compagnon dans ce petit wagon, qui ne tient que deux personnes.

Tous les voyageurs montent dans les wagons. Albert et Isabelle sont dans celui qui précède le petit wagon de Sottinez. Tous les wagons se mettent en route et disparaissent; un seul reste en place, c'est celui de Sottinez, derrière lequel est la machine que conduit la Folie.

BABILAS. Ohé! ohé! chauffeur, vous oubliez une voiture. Ah! bah! ils sont loin.

SOTTINEZ. Et Isabelle?

BABILAS. Elle s'en va comme si le vent l'emportait.

SERINGUINOS. Mon gendre, faites donc marcher la voiture.

BABILAS. Si vous marchez de ce train-là, je vais vous suivre devant.

SOTTINEZ. C'est une horreur! c'est une indignité! Quand je devrais sauter en l'air, je veux rattraper Isabelle.

LA FOLIE. Eh bien! saute donc, Sottinez!

A un signe de la Folie, le petit wagon saute en éclats; au bruit, tout le monde accourt.

Air : Des voyageurs.
Ah, ah, ah, ah, ah, ah, ah, ah!
Quel malheur c'est là!
Ah! quelle vacherie!
Ah! quelle alarme!
Ah, ah, ah, ah, ah, ah, ah, ah!
Quel malheur!... le-là!...
Oui, c'est la machine en éclats.

BABILAS. Mon pauvre maître doit être en compote. (On voit tomber du ciel des morceaux épars.) Qu'est-ce qui me tombe sur la tête?... un bras, une jambe...! Dieu du ciel! c'est un morceau de mon maître... Oui, je reconnais son bras à sa marche jaune... Ramassez tout, mes amis, n'en laissez rien perdre... On met les morceaux dans un panier.) Du grand Seringuinos voilà donc ce qui reste!... Et le seigneur Sottinez, où est-il? je n'en vois pas le plus petit morceau.

A ce moment, on aperçoit sur le grand mur du fond, Sottinez, plaqué de tout son long.

UNE FEMME. Mais le voilà!

BABILAS. C'est vrai! c'est bien lui!... il est complètement aplati.

SOTTINEZ. A moi! à moi!

BABILAS. Il n'est pas mort. Eh! vite, il faut aller chercher une échelle.

TOUS. Une échelle!

On apporte une échelle, on monte jusqu'à Sottinez; mais au moment de l'atteindre, on le voit changer de place, et il se trouve à l'autre extrémité du mur.

SOTTINEZ. A droite! à droite!

BABILAS. Il a raison, vous donnez à gauche... (On dresse l'échelle, mais Sottinez disparaît, et se trouve plaqué au milieu du mur.) Vous ne savez ce que vous faites, je vais l'aller chercher... Gardez-moi ça, s'il vous plaît...

Il remet le panier à une femme et monte à l'échelle; mais au moment où il va saisir Sottinez, celui-ci disparaît dans le mur. Cri général. Le théâtre change.

CINQUIÈME TABLEAU.

Une salle d'auberge; au fond, une grande glace; à droite du spectateur, une table.

SCÈNE PREMIÈRE.

SOTTINEZ, BABILAS, LE DOCTEUR.

On apporte Sottinez, qu'on dépose sur un fauteuil; Babilas suit Sottinez en portant dans un panier les restes de Seringuinos.

BABILAS. Allez doucement, mes amis; prenez garde de le casser comme mon infortuné patron. Dites donc, docteur, croyez-vous que le seigneur Sottinez en reviendra?

LE DOCTEUR. Il est bien bas.

BABILAS. Vous voulez dire bien plat... Il ne devrait pas être permis de mettre un homme dans un état pareil.

SOTTINEZ, d'une voix éteinte. Babilas, suis-je encore complet?

BABILAS. En apparence, il ne vous manque pas grand'chose.

SOTTINEZ. Je suis bien faible, mon ami.

LE DOCTEUR, *bas, à Babilas.* Comme le malade est désespéré, je vais essayer sur lui un remède nouveau; je vais lui faire boire de mon baume de porte-en-terre.

BABILAS. Vous l'avez baptisé là d'un bien vilain nom.

LE DOCTEUR. Tenez, Sottinez, avalez le contenu de cette fiole.

SOTTINEZ. Merci, docteur. C'est un calmant, n'est-ce pas?

Il boit.

LE DOCTEUR, *bas, à Babilas.* C'est un adroit mélange de vitriol, de vif-argent et de plomb fondu.

BABILAS. Vous croyez que ça le calmera?

SOTTINEZ, *après avoir bu, se levant tout à coup.* Ah! qu'est-ce que c'est que ça?

LE DOCTEUR. Il est sauvé! il est sauvé!

SOTTINEZ. J'ai le diable au corps, je brûle. Au feu! au feu!

BABILAS. Si on allait chercher un pompier!

SOTTINEZ. De l'eau, Babilas, de l'eau!

BABILAS, *lui donnant un verre.* Voilà, seigneur. Si maître Seringuinos était encore de ce monde, il lui administrerait un calmant plus local.

SOTTINEZ. Encore, Babilas, encore!

BABILAS, *lui donnant un autre verre.* Voilà, seigneur.

SOTTINEZ. Encore, encore!

BABILAS. C'est un incendie; formons la chaîne mes amis, formons la chaîne. (*Les gens qui sont là forment la chaîne et se passent de main en main des verres que Sottinez avale.*) Il a du feu de Bengale dans l'estomac.

SOTTINEZ, *s'arrêtant.* Ah! j'en ai assez, ça va mieux; vous pouvez vous retirer, mes amis.

LE DOCTEUR. Voilà une cure qui me fera honneur.

SCÈNE II.

SOTTINEZ, BABILAS.

SOTTINEZ. Je crois, Babilas, que j'ai été bien malade; je ne me souviens plus de rien du tout; seulement je rêvais que j'étais transformé en volant et que je sautais de raquette en raquette.

BABILAS. Vous n'avez pas rêvé, seigneur; vous avez en effet sauté comme un bouchon de vin de Champagne; c'était à faire frémir.

SOTTINEZ. Et Seringuinos, où est-il?

BABILAS. Là, dans ce panier à salade.

SOTTINEZ. Comment se trouve-t-il là dedans?

BABILAS. Mal, je suppose.

SOTTINEZ. Comment a-t-il pu y entrer?

BABILAS. Par morceaux; il est retombé en miettes, le malheureux.

SOTTINEZ. Et Isabelle?

BABILAS. Partie, disparue, perdue.

SOTTINEZ. Encore une fois perdue!.. Mais cette vieille sorcière s'est moquée de moi de la façon la plus inconvenante... et je survivrais à la perte d'Isabelle, je survivrais au malheureux Seringuinos!... Non, nature marâtre! je vais me venger de toi, je vais détruire ton plus bel ouvrage. Babilas, je vais me tuer; bouche-toi les oreilles. Mon ami... je vais... (*Il tire un pistolet de sa poche.*) Mais j'y songe, ça me fera peut-être mal. Une idée... Cette glace reflète fidèlement mon image; cette glace, c'est un autre moi-même.. si je tirais sur cet autre?

BABILAS. Vous casseriez la glace.

SOTTINEZ. Je me casserais la tête en même temps.

Air : *Ah! si madame le savais.*

Allons, le sort en est jeté,
Je vais me brûler la cervelle!

BABILAS.

Vraiment la manière est nouvelle;
Pour le bien de l'humanité,
Votre exemple sera cité.
Du suicid' la mode est générale,
On n' voit partout que pendus et noyés!

SOTTINEZ.

C'est un service qu' j' rends à la morale.

BABILAS.

Et plus encore aux miroitiers...
Quell' fortune pour les miroitiers!

SOTTINEZ. Me voilà bien en face de moi-même allons, du courage. Adieu, Babilas.

Il tire dans la glace; celle-ci disparaît, et à la place on aperçoit Sarah.

SCÈNE III.

LES MÊMES, SARAH.

SARAH. Tu as douté de moi, Sottinez; c'est pourquoi je ne suis pas venue tout de suite à ton aide... tu t'es laissé enlever ton talisman, je t'en rapporte un autre; tu pourras cacher facilement celui-là... Prends, et songe que si je te rends la puissance que tu avais si maladroitement perdue, c'est que je compte sur ta parole: c'est demain qu'il faudra exécuter le pacte signé. Babilas, réunis, réunis les morceaux de ton maître, fais-lui boire le reste de ce baume, et le bon apothicaire pourra servir encore l'humanité souffrante!... A demain, Sottinez.

La glace se referme.

SCÈNE IV.

SOTTINEZ, BABILAS.

BABILAS. Ah! enfin, voilà quelque chose d'heureux qui nous arrive; nous avons un talisman... il n'est pas gros, ça doit être un diamant au moins.

SOTTINEZ. C'est un œil de perdrix.

BABILAS. Parbleu! nous n'avions pas besoin de la vieille, j'en avais à votre service.

SOTTINEZ. Se serait-elle encore moquée de moi?

BABILAS. J'en ai peur; mais nous allons savoir tout de suite à quoi nous en tenir; si elle remet l'infortuné Seringuinos sur ses jambes, elle fera un fameux miracle. Rassemblons-le; aider-moi un peu, s'il vous plaît. (*Il tire une jambe du panier.*) Qu'est-ce que c'est que ça? Ah! c'est une jambe... est-ce la droite ou la gauche? Si j'avais pu prévoir ce qui arrive, j'aurais numéroté tout ça. (*Il tire une autre jambe.*) Ah! voila la paire. A présent cherchez-moi la partie inférieure de cet infortuné, donnez-moi son torse. Oh! comme il est déjà desséché! Ah! bon, voila la tête quelle bonne petite boule! Y a-t-il encore quelque chose dans le panier?

SOTTINEZ. Certainement.

BABILAS. Je n'aurais jamais cru qu'il fallait tant de morceaux pour faire un apothicaire. Là! Nous n'avons rien oublié?

Babilas a placé tous les morceaux les uns sur les autres en les appliquant contre le mur, Seringuinos est complet, sauf le bras gauche.

SOTTINEZ. Le panier est vide.

BABILAS. A présent le baume. Quoi qu'en dit la vieille, je ne placerais pas deux sous sur la tête de mon patron. (*Ici Seringuinos commence à remuer.*) Ah! mon Dieu! regardez donc, seigneur Sottinez, le baume opère, voilà le patron qui remue; il a déjà ouvert un œil. Tenez, le voilà qui bâille... mais il bâille très-bien... il nous regarde, il a l'air très-solide sur ses jambes. (*Babilas se baisse pour regarder les jambes de Seringuinos, celui-ci en avance une et renverse Babilas du coup. Babilas à terre.*) Décidément il remue.

SERINGUINOS. Babilas, où suis-je? d'où viens-je? et qu'est-ce que tu fais là?

BABILAS. Je vous raccommode, patron. Il est comme neuf, ma parole d'honneur!

SOTTINEZ. Ce cher Seringuinos!

SERINGUINOS. Babilas, je prendrais bien quelque chose, mon ami.

BABILAS. Vous avez faim, patron?

SERINGUINOS. Oui, j'ai du vague dans la tête et beaucoup de vide dans l'estomac; je prendrais bien quelque chose, mon ami.

SOTTINEZ. Qu'on apporte une table.

On apporte une table.

SERINGUINOS. C'est assez bien servi, mais je ne vois qu'un couvert.

SOTTINEZ. Vous avez raison: quand je dîne, je veux avoir mes aises; nous aurons chacun notre table.

La table se divise en trois tables garnies de mets et de lumières.

SERINGUINOS. C'est charmant, Babilas. Donne-moi une chaise.

BABILAS. Prenez garde; asseyez-vous tout doucement; vous ne devez pas encore tenir à grand'-chose.

SERINGUINOS. Qu'est-ce que tu me chantes donc, toi? je n'ai jamais été si dispos; je danserais la gigue si je le voulais.

SOTTINEZ. A table, à table.

BABILAS. Je suis curieux de voir manger cet assemblage de pièces et de morceaux.

SERINGUINOS. C'est drôle, mais il me manque quelque chose.

BABILAS. Quoi donc? est-ce que vous n'avez pas de fourchette?

SERINGUINOS. Si fait; mais je ne sais pas où la mettre. Ah! mon Dieu! Babilas, qu'est-ce que j'ai fait de mon bras gauche?

BABILAS. Bon, je l'ai oublié là-bas.

SERINGUINOS. Babilas, qu'est-ce que ça veux dire?

BABILAS. C'est vrai, il lui en manque un. Ah quel bonheur! c'était votre bras malade...en voilà un bonheur! Vous êtes né coiffé.

SERINGUINOS. C'est possible; mais je ne suis pas né manchot, et je veux mon bras.

BABILAS. Plaignez-vous donc! et si j'avais oublié la tête, qu'est-ce que vous diriez?

SOTTINEZ. Ne vous désolez pas, Seringuinos; ce bras n'est qu'égaré, et en promettant une récompense honnête, on vous le rapportera.

BABILAS. Certainement, celui qui l'aura trouvé en sera fort embarrassé; que voulez-vous qu'on fasse du bras d'un apothicaire? Il y a encore un peu de baume dans la fiole: quand le bras reviendra, nous le collerons.

SCÈNE V.

LES MÊMES, ALBERT et ISABELLE en *pèlerins*, UN GARÇON.

LE GARÇON. Que voulez-vous, mes braves gens?

ALBERT. Servez-nous à dîner.

LE GARÇON. Est-ce pour la grâce de Dieu?

ALBERT. Non, pour la grâce de ce doublon.

ISABELLE, *bas, à Albert.* Mon père et Sottinez!

ALBERT. Faites bonne contenance, et ne craignez rien. (*Au Garçon.*) A quoi penses-tu?

LE GARÇON. Mon digne homme, je réfléchis à une chose; c'est qu'il n'y a plus rien dans la maison, ces seigneurs ont tout pris.

ALBERT. Ils ne refuseront pas de partager avec nous, qui arrivons d'accomplir un vœu à Saint-Jacques de Compostelle.

SERINGUINOS. Il est bon là, le pèlerin. J'arrive de bien plus loin, moi. J'ai presque touché la lune... j'ai besoin de me refaire.

SOTTINEZ. Et moi, j'ai été assez aplati pour qu'il me soit permis de chercher à me rendre quelque rotondité... je ne céderais pas un os de poulet.

BABILAS, à part. Moi, je donnerais bien quelque petite chose à ce pèlerin.

SOTTINEZ. À table! à table... Les pèlerins mangeront après nous s'il en reste.

SERINGUINOS. Mais il n'en restera pas.

ALBERT. C'est ce que nous allons voir.

À ce moment, tous les mets qu'sont sur les tables de Babilas, Sottinez et Seringuinos, passent sur la table d'Albert.

BABILAS. Mangez, patron, mangez...

SERINGUINOS. Qu'est-ce que tu veux que je mange? je n'ai plus rien.

SOTTINEZ, riant. Ha! ha! la farce est bonne.

SERINGUINOS. C'est pour ça que j'en voudrais goûter.

BABILAS. Il est écrit quelque part que je ne mangerai jamais.

À ce moment, un chien traverse le théâtre en courant et tenant le bras de Seringuinos à la gueule.

SERINGUINOS. Babilas, je viens de voir passer mon bras... je l'ai reconnu.

BABILAS. Vraiment?

SERINGUINOS. Sottinez, Babilas... aidez-moi à rattraper ce misérable chien. Babilas, Sottinez, courez, criez avec moi... Au voleur!... au voleur!...

Ils sortent tous les trois en courant après le chien, qui traverse encore une fois le théâtre.

SIXIÈME TABLEAU.

L'ILE DE LA FOLIE.

Le théâtre représente un site fantastique; à droite et à gauche, les jardins de la Folie, garnis de fleurs et d'aspect aux couleurs les plus vives; au fond, un grand escalier conduisant au palais de la Folie; le palais est à jour et en or; l'escalier est en argent; de tous côtés, des jeux de castagnettes, d'écharpes et autres; les sujets de la Folie se livrent à ces jeux, et quand la petite décoration disparaît, tout est en mouvement dans la grande décoration.

SCÈNE PREMIÈRE.

LA FOLIE, ALBERT et ISABELLE, *arrivent dans un char traîné par une foule de gros papillons.*

LA FOLIE. Nous sommes arrivés.

ISABELLE. Où sommes-nous donc ici?

LA FOLIE. Dans mon empire. C'est ici que vous vous reposerez de vos fatigues, et que vous attendrez que la vieille Sarah se lasse de vous persécuter.

ALBERT. Que d'actions de grâces!...

LA FOLIE. Vous ne me devez rien que d'être gais, car la gaîté est de rigueur dans mon empire.

ISABELLE. Pour être complètement heureuse, il me manque mon père, mon pauvre père, qui, tout en se donnant beaucoup de mal pour me rendre malheureuse, m'aime cependant, j'en suis sûre.

LA FOLIE. Je ne puis amener ici ton père, qui est sous l'influence du nouveau talisman que Sarah a donné à Sottinez.

ISABELLE. Mon pauvre père!

LA FOLIE. Et toi, Albert, te manque-t-il aussi quelque chose?

ALBERT. J'avais un pauvre diable à mon service, et que pour cela sans doute on persécute là-bas; ce garçon m'est dévoué, et s'il était là près de moi, je serais complètement heureux.

LA FOLIE. J'avais prévenu tes désirs, et j'ai protégé Magloire, qui sans moi aurait perdu la tête; je te le rends au grand complet.

MAGLOIRE *traverse le théâtre en courant; sa tête, mal fixée sur ses épaules, tourne toujours.*

Criant. Ah! mon Dieu! j'ai des vertiges, des éblouissements.

LA FOLIE. Sa tête n'est pas encore bien assurée sur ses épaules; j'avais sans doute oublié quelque chose. Magloire! Magloire, viens à nous, mon garçon.

MAGLOIRE, revenant; *sa tête ne tourne plus.* Ah! enfin, elle est arrêtée... je voyais trente-six chandelles...

SCÈNE II.

LES MÊMES, MAGLOIRE.

MAGLOIRE. Je la tiens, et elle tient... Où suis-je? et que vois-je?

ALBERT. Mon pauvre Magloire!

MAGLOIRE. Mon maître, mon cher maître!... oh! dites-moi tout de suite... c'est bien ma tête, n'est-ce pas? on ne m'en a pas donné une autre? il me semble qu'elle est plus petite.

LA FOLIE. Rassure-toi, j'aurais eu trop de peine à trouver la pareille.

MAGLOIRE. Et mon chapeau?... c'est gentil, j'ai perdu mon chapeau... un meuble de famille superbe...

LA FOLIE. Allons, ma charmante Isabelle, chassez ces nuages de tristesse qui obscurcissent votre front; vous reverrez votre père.

ISABELLE. Il me semble que, si je pouvais lui parler, je le toucherais, je le déciderais à renoncer à ses projets; s'il ne peut venir à moi, ne puis-je aller à lui?

LA FOLIE. Gardez-vous bien de quitter cette île! une fois hors d'ici, vous retomberiez au pouvoir de Sarah. Mais un bruit m'annonce que mes ordres ont été exécutés, la fête va commencer.

MAGLOIRE. Faites excuse, madame la princesse, est-ce qu'on ne prend rien chez vous?

LA FOLIE. Que veux-tu?

MAGLOIRE. Un morceau sur le pouce, voilà tout; un dindon me serait fort agréable.

LA FOLIE, *à un écuyer.* Donnez-lui tout ce qu'il demandera.

MAGLOIRE. Comme on ne sait pas ce qui peut arriver, je vais m'en donner pour quinze jours.

Magloire sort.

LA FOLIE. Que mes gentils sujets se préparent à donner à mes hôtes une fête brillante.

La Folie, Isabella et Albert, assis sur une terrasse, regardent la fête. Ballet. Après le ballet, le concert; graduellement le ciel devient couleur de feu, et Sarah, élevée sur un groupe de serpents, se dresse derrière le trône de la Folie. — Mouvement général.

ACTE TROISIEME.

PREMIER TABLEAU.

Le théâtre représente l'intérieur d'une verrerie en pleine activité.

SCÈNE PREMIÈRE.

LES OUVRIERS de *la verrerie,* puis SERINGUINOS.

CHOEUR DES OUVRIERS.

Air de *M. Roger.*

Nos fourneaux sont prêts,
Nous ferons merveilles;
Soufflons les bouteilles
Qu'on nous videra après.
D'travail en droit
Les verriers avides,
D'...

PREMIER OUVRIER. Allons, ferme, camarades, chauffez les fourneaux. Qui vient là? est-ce encore de la pratique? Eh! c'est maître Seringuinos.

SERINGUINOS. Oui, mes amis, c'est moi.

PREMIER OUVRIER. Ça va bien, patron?

SERINGUINOS. D'abord, faites-moi donner un tabouret, une chaise, un petit banc, un fauteuil; car, tel que vous me voyez, je jouis d'une courbature perpétuelle, par suite des courses inénarrables que mon gendre m'a fait entreprendre pour rattraper ma fille.

PREMIER OUVRIER. Et la tenez-vous?

SERINGUINOS. Bah! je crois qu'on prendrait plutôt la lune avec les doigts; j'y ai renoncé, mon gendre aussi, car il a eu la charité de me laisser tranquille; il était temps; j'étais sec comme une botte de chiendent quand je suis rentré dans mon domicile.

PREMIER OUVRIER. Et vous, picorez votre fille?

SERINGUINOS. Le soir, quand la boutique est fermée... Mais je ne suis que pharmacien à l'heure qu'il est, et je viens voir si ma commande de fioles et de bocaux est prête.

PREMIER OUVRIER. Tout est en feu pour vous dans la verrerie. Allons, camarades, chauffons, chauffons.

Au moment où ils ouvrent la grande porte du four pour y mettre du bois, un gros paquet tombe par la cheminée du four; c'est Magloire, qui arrive tout noir de fumée et les cheveux roussis.

SCÈNE II.

LES MÊMES, MAGLOIRE.

MAGLOIRE, criant. Au feu! au feu!... éteignez-moi, éteignez-moi donc!

TOUS. Qu'est-ce que c'est que ça?

SERINGUINOS. Il est tout noir, c'est un nègre ou un ramoneur.

MAGLOIRE. C'est donc de plus fort en plus fort! Ah! qui que vous soyez, charrons, cyclopes, infernaux ou marchands de marrons, allez me chercher les pompiers; j'ai pris feu par le haut.

L'OUVRIER. Un coup d'éponge suffira.

Il lui jette un verre d'eau à la figure.

MAGLOIRE. Merci. *(Il se frotte les yeux et s'essuie la figure.)* Ah! je m'éteins, je m'éteins; mais je dois fumer encore.

SERINGUINOS. Je ne me trompe pas, c'est Magloire.

MAGLOIRE. L'apothicaire! est-ce que je suis tombé dans votre cuisine?

SERINGUINOS. Te voilà donc, malheureux!

MAGLOIRE. Malheureux! c'est le mot; je vous en prie, apothicaire, dites-moi toute la vérité; le feu a tout dévoré, n'est-ce pas? mes cheveux ne sont plus roux.

SERINGUINOS. Ils sont roussis.

MAGLOIRE. Vrai? ils sont encore roux? *(Mettant la main à sa tête et s'apercevant qu'il n'en a plus.)* Ah! roussis! quel affreux calembour!

SERINGUINOS. Me rapportes-tu ma fille, icilier?

MAGLOIRE. Je l'ai perdue en chemin; heureusement pour elle, car depuis douze heures trois quarts je voyage la tête en bas.

SERINGUINOS. D'où venez-vous?

MAGLOIRE. D'une île déserte, où l'on nous a reçus à bras ouverts.

SERINGUINOS. Elle était donc habitée, ton île déserte?

MAGLOIRE. Habitée! habitée comme la rue Saint-Denis; de plus, pavée en fleurs et bâtie en sucre candi; figurez-vous une boutique de confiseurs de trois lieues de circonférence; on m'avait logé dans un magnifique biscuit de Savoie; en attendant le dîner, je grignotais les murs de mon hôtel, quand tout à coup je fus distrait de cette occupation par un grand diable qui m'attacha à la queue d'un cerf-volant.

SERINGUINOS. D'un cerf-volant?

MAGLOIRE. Oui, d'un cerf-volant qui voyageait côte à côte d'un magnifique ballon; dans la nacelle de ce ballon était votre fille, qu'on enlevait encore à son Albert; comme moi à mon biscuit; elle allait me dire comment la chose s'était passée, quand un gros oiseau vint se prendre de bec avec mon cerf-volant; celui-ci perdit sa queue à la bataille, et aussitôt je me mis à descendre plus vite que je n'étais monté. Je me demandai en route: Tomberai-je pile ou face? Je suis tombé pile.

Il montre son haut-de-chausse tout déchiré.

SERINGUINOS. Allons, ma fille est décidément perdue pour son père et son futur. Je vois aussi, mon pauvre Magloire, que le diable ne t'a pas plus épargné que moi.

MAGLOIRE. Vous êtes retombé sur votre pharmacie, vous, tandis que moi me v'la sans cheveux, sans place et sans le sou. Je pense à une chose; voulez-vous de moi, apothicaire?

SERINGUINOS. Qu'est-ce que tu sais faire?

MAGLOIRE.

AIR: *Je sais attacher des rubans.*

Je sais faire les cornichons,
Je sais la lute, la musique,
Je sais élever les cochons,
Et je sais parler politique;
J'possède encor des talents plus coquets,
Et je les exerce avec grâce,
Je sais attacher les corsets,
Et je donne du cor de chasse.

SERINGUINOS. Avec ces talents-là t'u ne peux pas me convenir.

MAGLOIRE. Ainsi vous me laissez sur le pavé! Eh bien! je ne vous veux pas de mal, apothicaire, mais je donnerais beaucoup pour vous voir dans la plus profonde débine; oui, je voudrais vous voir réduit à vous nourrir de votre fonds; oui, je voudrais vous voir faire des bouillons de guimauve et des fritures de sangsues.

SERINGUINOS. Ce jeune homme est un grand poltron.

L'OUVRIER. Allons, garçon, ne te désole pas; tout s'allait peut-s'arranger; l'ouvrage donne bien, je t'offre une place dans l'atelier, si notre état te convient.

MAGLOIRE. Il me convient beaucoup... Qu'est-ce que c'est que votre état?

L'OUVRIER. Tu es dans une verrerie.

MAGLOIRE. Ah! j'y suis, vous faites des bouteilles?... ça me connaît, les bouteilles.

L'OUVRIER. Tu acceptes?

MAGLOIRE. Tope là! me v'la donc dans la verrerie. Je connaissais déjà une rue de ce nom-là.

L'OUVRIER. Allons, allons, à la besogne; et d'abord prends le costume de l'emploi.

MAGLOIRE. C'est-à-dire que, pour prendre votre costume, je n'ai qu'à quitter le mien. (*Se déshabillant et regardant ses mollets.*) Le malheur ne m'a pas trop déformé, je suis toujours de Saint-Malo.

L'OUVRIER. Charge-toi de ce fourneau; nous allons souffler les fioles de maître Seringuinos.

CHŒUR D'OUVRIERS.

AIR: *Gai, gai.*

Chaud, chaud, travaillons bien,
La besogne est bonne
Et donne;
Chaud, chaud, travaillons bien,
Car c'est dimanche demain.

Ils sortent.

SCÈNE III.

MAGLOIRE, SERINGUINOS.

SERINGUINOS. Moi aussi je souffle, et comme un bœuf, c'est-à-dire qu'un œuf qu'on mettrait à ma place cuirait en cinq minutes.

MAGLOIRE. Prenez mon costume, apothicaire; il est bon pour la circonstance.

SERINGUINOS. Comme je ne veux pas m'en aller sans ma commande, ma foi, je vais me mettre à mon aise.

MAGLOIRE. En voilà un qui doit être laid en négligé.

SERINGUINOS, *ôtant cinq ou six gilets.* Je suis un peu couvert, vois-tu.

MAGLOIRE. Comment! vous avez tout cela sur le corps?

SERINGUINOS. Ce n'est pas tout.

Il en ôte toujours.

MAGLOIRE. Ah çà, mais dites donc, quand vous aurez ôté tous vos gilets, qu'est-ce qui restera un bâton... une baguette... une asperge.

SERINGUINOS, *déshabillé.* Eh bien! j'ai encor plus chaud comme ça.

MAGLOIRE. Le fait est que cette verrerie est une vraie poêle à frire. Ah! je donnerais quelque chose pour être dans une bonne glacière. (*A peine a-t-il achevé, que les vêtements de Magloire et de Seringuinos sont enlevés, la verrerie se transforme en glacière, on ne voit plus que neige et glace autour de Seringuinos et de Magloire qui se mettent à grelotter. Le fond s'ouvre, laissant voir des gamins qui glissent sur un étang glacé.*) Voilà une atroce plaisanterie.

SERINGUINOS, *courant après ses habits.* Ah! mes habits! mes habits! Mon cher ami, comment te trouves-tu?

MAGLOIRE. Je me trouve gelé, et vous?

SERINGUINOS. Moi, j'ai l'onglée depuis les pieds jusqu'aux oreilles inclusivement. Ah! mais voilà une petite maison qui paraît bien chauffée. Tiens, regarde la fumée.

MAGLOIRE. On dit qu'il n'y a pas de feu sans fumée, il n'y a pas non plus de fumée sans feu... Frappons... Eh! eh! la maison!

UN HOMME *couvert de fourrures, sortant de la cabane.* Que voulez-vous? qui êtes-vous?

SERINGUINOS. Ce que je veux? je voudrais me chauffer; ce garçon voudrait se chauffer aussi... Nous sommes deux infortunés fort mal vêtus pour la saison... l'un apothicaire et l'autre domestique... Mais le froid et le costume nous rendent égaux... Permettez-nous d'entrer.

L'HOMME. Un instant!... vous me faites l'effet de deux voleurs.

MAGLOIRE. Vous voulez dire de deux volés; nous n'avons pas une veste pour nous deux.

L'HOMME. Ou bien vous êtes deux fous échappés de quelque hospice, car il n'y a que des fous qui courent les champs dans un pareil équipage.

SERINGUINOS, *à Magloire.* C'est vrai, nous sommes dans notre tort.

MAGLOIRE. Mais du tout!... Dites-lui donc que nous étions dans une verrerie, et que le diable qui nous poursuit... Un instant, je veux entrer, il me faut du feu... je commence à être pris comme la Seine sous le pont Neuf... J'entre de gré ou de force.

L'HOMME, *prenant son fusil dans la cabane.* N'avancez pas, ou je brûle...

SERINGUINOS, *reculant.* Non pas, non pas; je veux bien me chauffer, mais je ne veux pas être brûlé.

L'HOMME. Au large, où je lâche le chien.

MAGLOIRE. Allons-nous-en, apothicaire; j'aime mieux battre la semelle que de causer avec ce monsieur à fourrure... Ah! voilà du monde qui arrive par-là, on va nous donner des habits.

Entrée des Étudiants, qui se rassemblent autour de Seringuinos et de Magloire, qui ne savent quelle contenance tenir et qui tremblent de froid.

CHŒUR.

AIR: *Galop de la Pâtissière.*

Vive l'hiver et son verglas,
Et la blanche surface
D'un océan de glace!
Pour nous la neige a des appas,
Et le ciel noir est sans franas.

SERINGUINOS.

Vit-on pareil temps en Espagne!
Que n'ai-je une fourrure, un manteau!

LA FOLIE.

Venez chasser l'ours sur la montagne,
Bonhomme, on vous donnera la peau.

CHŒUR.

Vive l'hiver, etc.

MAGLOIRE.

C' n'est pas étonnant si j' grelotte,
Par l' temps qui court, être tout nu!

LA FOLIE.

Mon cher, dans c' cas on se frotte
De neig', le r'mède est bien connu.

CHŒUR.

Vive l'hiver, etc.

Pendant le chœur, Seringuinos et Magloire ont vainement tenté de fuir; à la fin du chœur, ils s'échappent, et sont poursuivis par les Étudiants, qui leur jettent des boules de neige.

DEUXIÈME TABLEAU.

Le théâtre représente un site agreste. A droite, une auberge; devant la porte de l'auberge, une table et deux chaises. Au fond, une mare servant à laver; sur une corde, du linge est étendu.

SCÈNE PREMIÈRE.

ALBERT, puis LA FOLIE.

ALBERT. C'est bien ici que la Folie m'a donné rendez-vous; mais je ne la vois pas... Comment saurai-je si elle est venue déjà?... qui me demanderai-je?... sais-je seulement quelle forme il aura pris fantaisie à ma protectrice d'adopter?... (*Allant s'asseoir.*) Ah! je commence à douter de l'infaillibilité de sa puissance.

UN GARÇON, *sortant de l'auberge.* Que demande monsieur?

ALBERT, *brusquement.* Rien!

LE GARÇON. Mais...

ALBERT, *se fâchant.* Mais...

LA FOLIE, *en costume d'étudiant, venant s'asseoir à la table en face d'Albert.* Mais ce garçon a raison: apporte-nous des cigarettes et du feu. (*A Albert.*) Tout en fumant, camarade, nous causerons.

ALBERT. D'abord, je ne suis pas votre camarade, et je ne veux pas causer.

Il lui tourne le dos.

LE GARÇON. Voilà ce que monsieur a demandé. Il dépose une lumière et des cigarettes sur la table, et s'en va.

LA FOLIE, *tendant une cigarette à Albert.* Vous fumerez toujours, et moi, je causerai pour deux. Je vous dirai, mon cher, que je suis sorti de chez moi pour le service d'un mien ami, auquel, par la plus inconcevable imprudence, j'ai laissé souffler sa maîtresse.

ALBERT, *se retournant.* Qu'entends-je?

LA FOLIE. Furieux d'avoir été pris pour dupe, j'ai juré de me venger... n'ai-je pas raison? qu'en pensez-vous?

ALBERT. Je ne me trompe pas, c'est... c'est vous.

LA FOLIE. Allons donc! tu me reconnais enfin, pauvre amoureux! et maintenant, tu veux bien être mon camarade, tu veux bien causer avec moi, n'est-ce pas?

ALBERT. Oui, car vous allez me parler d'Isabelle.

LA FOLIE. Comme si l'on pouvait te parler d'autre chose! Aussitôt que Sarah, profitant d'un manque de précautions de ma part, nous eut enlevé ton Isabelle, je te quittai pour courir contuiller le grand livre du destin ; j'appris que Sarah avait conduit Isabelle dans un magnifique château qu'elle a fait construire à Santa-Cruz, tout exprès pour la célébration de son mariage, car c'est aujourd'hui même que Sarah épouse Sottinez; tu ne dois donc rien craindre de ce dernier, car la vieille jalouse veille à présent sur ta maitresse, aussi bien et mieux que toi-même.

ALBERT. Pourquoi cet enlèvement, alors ?

LA FOLIE. Sarah l'avait promis à Sottinez, et celui-ci ne se marie qu'à la condition qu'Isabelle, qui ne peut plus être à lui, ne sera du moins à personne.

ALBERT. Que comptes-tu faire?

LA FOLIE. Ce costume t'annonce assez que j'ai conçu un nouveau projet ; j'ai trouvé le moyen infaillible de faire perdre à Sarah ce pouvoir maudit qu'elle n'emploie plus qu'à te persécuter ; mais je ne puis agir que lorsque Sarah sera la femme de Sottinez ; alors il lui sera impossible de ne pas tomber dans le piège que je lui tendrai. Jusque-là, je ne puis que la lutiner, la ridiculiser, et je n'y manquerai pas... je veux qu'on se souvienne longtemps des noces de dame Sottinez. C'est à Santa-Cruz que doit avoir lieu la cérémonie ; c'est à Santa-Cruz que nous allons nous rendre; mais j'y veux aller en nombreuse et bruyante compagnie. (*A ce moment on voit entrer en courant et en désordre une troupe de jeunes écoliers.*) Justement, voilà des auxiliaires qui m'arrivent.

LES ÉCOLIERS. Deux heures! nous sommes libres, Dieu merci.

LA FOLIE. Eh bien ! mes gentils camarades, quel usage comptez-vous faire de votre liberté ?

UN ÉCOLIER. Nous allons jouer aux barres.

UN AUTRE ÉCOLIER. Au cheval fondu.

LA FOLIE. Tout cela est fort divertissant, j'en conviens; mais j'ai quelque chose de mieux à vous proposer ; je vous invite tous à une noce.

TOUS. A une noce?

LA FOLIE. Et une noce comme on n'en a jamais vu ! le seigneur Sottinez épouse une femme de onze cent onze ans.

TOUS. Onze cent onze ans!

LA FOLIE. Chansons, balivernes, charivari, il faut que rien ne manque à ce mariage.

UN ÉCOLIER. Faudra faire beaucoup de bruit.

UN AUTRE ÉCOLIER. Faudra casser quelque chose, ça me va.

TOUS. Oui, oui!

LA FOLIE. Ainsi donc, mes amis, en route, et guerre aux nouveaux mariés!

TOUS. Guerre!

CHŒUR.
Air des Puritains.

Pour égayer la fête,
Allons, allons, il faut courir.
A rire qu'on s'apprête,
C'est un plaisir
Qu'il faut saisir.

Ils sortent sous la conduite de la Folie et d'Albert. A peine sont-ils disparus que de l'autre côté arrivent des Blanchisseuses, qui, armées de leurs battoirs, prennent place à la mare.

SCÈNE II.

LES BLANCHISSEUSES, puis SERINGUINOS et MAGLOIRE.

LES BLANCHISSEUSES.
Air : Fla, fla.

Pan, pif, paf, pan,
Que chacun frappe
Le linge qu'aujourd'hui
Nous devons rendre bien blanchi.
Pan, pif, paf, pan,
Que le battoir tape;
Faut, pour not' honneur,
Qu' tout soit d'une entière blancheur.

Seringuinos et Magloire paraissent revêtus d'habits qui ne sont pas faits à leur taille et tout à fait grotesques.

SERINGUINOS. Arrêtons-nous, Magloire... je suis sûr que j'ai quelque chose de gelé.

MAGLOIRE, *grelottant.* Quéque chose... mais j'ai tout, absolument tout, gelé... les pieds, les mains, le nez... le nez surtout, je ne le sens plus... Et dire que nous n'avons trouvé pour nous couvrir et rappeler la chaleur que des pantalons de nankin et des paletots d'été!... Aussi, faute de pouvoir réchauffer le dessus, je vais réchauffer le dedans... Je vais demander à ces belles blanchisseuses l'adresse du débit de consolations.

Air des Faveurs du Couvent.

Holà! fillette brune et blanche,
Que reste le poing sur la hanche,
A regarder chaque passant,
Indiquez-moi, je vous en prie,
Où s'vend la plus vieille eau-de-vie!
Ce qu'il nous faut présentement,
C'est un cabaret, mon enfant.
Vite!
Oh! bien vite!
Ayez la bonté de m'instruire,
Ah! prenez pitié du martyre
D'un beau garçon,
Saisi d'un sieus glaçon,
Qui cherchent un bouchon.

UNE BLANCHISSEUSE. Vous demandez le cabaret... levez le nez... il est devant vous.

MAGLOIRE. C'est, ma foi, vrai... Holà! garçon...

SERINGUINOS. Qu'est-ce que tu vas faire?... As-tu de l'argent pour payer ? Le mien est parti avec mes gilets...

MAGLOIRE. Je vous laisserai en gage, on vous trouvera bon pour un petit verre. Hola, garçon!

SERINGUINOS. Je m'y oppose... Tiens, nous allons fumer, si tu veux... voilà deux cigarettes sur cette table; elles sont payées, sans doute, je t'en régale; fumons... ça ne nous coûtera rien, et ça nous réchauffera.

MAGLOIRE. Vous croyez?... Va pour les cigarettes, faute de mieux. Ah! voilà la chandelle qui s'en va.

SERINGUINOS. Du tout, elle ne s'en va pas ! tu vois bien que j'allume.

Ils veulent allumer leurs cigares, mais la chandelle se met à tourner.

MAGLOIRE. Voilà les bêtises qui recommencent.

SERINGUINOS. Attends, je vais allumer au passage.

Mais alors les chaises tournent aussi, et Seringuinos et Magloire jettent les hauts cris. Les Blanchisseuses accourent.

LES BLANCHISSEUSES. Est-ce que vous êtes fous, de tourner comme ça ?...

SERINGUINOS. Il ne manquait plus que la gymnastique ; j'ai maintenant les reins plus malades que les jambes... je ne pourrai jamais retourner à Madrid...

LES BLANCHISSEUSES. Tenez, brave homme! j'ai là ma petite voiture, et comme je laisse un paquet ici, il y aura juste de la place pour vous... Je vous emmènerai jusqu'à la ville.

SERINGUINOS. Oh! voilà une blanchisseuse à laquelle je donnerai mon linge et ma bénédiction.

MAGLOIRE. Et moi!...

SERINGUINOS. Tu reviendras comme tu pourras.

LA BLANCHISSEUSE. Aidez-moi, vous autres, à conduire ce brave homme jusqu'à ma voiture.

UNE AUTRE. Oui, oui... (*A Magloire.*) Dis donc, mon gros, puisque tu restes ici, garde notre linge, entends-tu ?

REPRISE DU CHŒUR.
Pan, pif, paf, pan, etc.

SCÈNE III.

MAGLOIRE, seul.

Il me laisse là, ce cuistre d'apothicaire... Il me laisse là, comme si le vieux grigou n'était pas cause de tous mes malheurs... car enfin, s'il avait voulu donner sa fille à mon maître... rien de ce qui m'arrive ne me serait arrivé... Ah! s'il me retombe jamais sous la main, je jure que... Voilà du beau linge, voilà surtout des bas rouges qui sont bien blancs... On savonne supérieurement dans ce pays-ci (*Pendant qu'il examine le linge, deux énormes grenouilles viennent boire au bord de la mare.*) Qu'est-ce que c'est que ça? Ce sont, ma foi, des grenouilles... Je n'en ai jamais vu de cette espèce... Je crois qu'elles me regardent... ces grenouilles gigantesques n'ont été envoyées ici que pour me faire quelque mauvaise farce. J'ai envie de m'en aller. (*Il veut se sauver; mais les grenouilles s'attachent à lui, et le poursuivent derrière la table et les chaises.*) Les vilaines bêtes vont me dévorer! au secours!... au secours!...

Aux cris de Magloire, les grenouilles se jettent dans la mare, et les blanchisseuses arrivent. Le linge a tout à coup disparu.

SCÈNE IV.

MAGLOIRE, LES BLANCHISSEUSES.

LES BLANCHISSEUSES. Qu'est-ce qu'il y a?

MAGLOIRE. Des grenouilles!

UNE BLANCHISSEUSE. Qu'est-ce qui t'a fait peur?

MAGLOIRE. Des grenouilles... il y en a partout, j'en vois partout... J'ai beau regarder, je ne vois que des grenouilles, et d'affreuses grenouilles.

UNE BLANCHISSEUSE. Ah ça, mais je ne vois plus notre linge, moi.

LES BLANCHISSEUSES. C'est vrai...

MAGLOIRE. Bah!...

UNE BLANCHISSEUSE. Qu'est-ce qui l'a pris?

MAGLOIRE. Parbleu! les grenouilles.

UNE BLANCHISSEUSE. Tu te moques de nous... Je gage que c'est toi qui nous as volées.

MAGLOIRE. Moi... oh! vos bas ne sont pas plus blancs que ma conscience... Je demande qu'on me fouille... j'exige qu'on me fouille.

UNE BLANCHISSEUSE. C'est aussi ce que je vais faire.

MAGLOIRE. Prenez garde, je suis très-chatouilleux... Eh bien !...

UNE BLANCHISSEUSE. Eh bien... qu'est-ce que je disais? voilà une cravate...

UNE AUTRE. Voilà ma collerette.

UNE AUTRE. Voilà mes bas rouges.

MAGLOIRE. Des bas rouges! oh! voilà une perfidie bien noire! je suis sûr que c'est là la grosse grenouille qui m'a joué ce tour-là.

UNE BLANCHISSEUSE. C'est un voleur.

TOUTES. Oui, oui!...

UNE AUTRE. Faut le mener chez le corrégidor.

MAGLOIRE. Chez le corrégidor?

UNE AUTRE. Non, je m'y oppose.

MAGLOIRE. Oh! blanchisseuse magnanime!

UNE AUTRE. Le coquin graisserait la patte au corrégidor... il faut nous faire justice nous-mêmes; la mare est là... envoyez-le rejoindre ses grenouilles.

MAGLOIRE. Noyé! j'aime mieux le corrégidor.

UNE AUTRE. Elle a raison... A la mare!...

TOUTES. A la mare!

Air du Domino noir.
C'est vraiment un bien qu'il faudra prendre
Dans notre lavoir,
Vous allez voir.
Et pour vous sécher, on va vous rendre

*Le dos tout noir
Sous le battoir.*

Elles s'emparent de Magloire, et le jettent dans la mare et chaque fois qu'il veut en sortir, elles le frappent de leur battoir. Enfin il jette un cri terrible, et s'élance tout trempé hors de la mare, poursuivi par les deux grenouilles; à cette vue, les Blanchisseuses se sauvent. Le théâtre change.

TROISIÈME TABLEAU.

Le théâtre représente une place de village aux environs de Madrid; à gauche, le portail de l'église; à droite, dans le fond, une petite maison. Sur un plan plus avancé, une fontaine.

SCÈNE PREMIÈRE.

SOTTINEZ, RODRIGUEZ.

SOTTINEZ, *au Suisse.* Vous entendez!... je veux une cérémonie magnifique, un mariage de prince, et je payerai comme un roi. Ah ça, dites-moi, Rodriguez. Isabelle, que ma digne épouse a fait renfermer dans mon château de Santo-Mayor, est-elle bien gardée?

RODRIGUEZ. J'y ai laissé six de mes plus braves soldats.

SOTTINEZ. Je compte sur leur courage, et sur les murailles, qui sont très-élevées. Maintenant, allons au-devant de ma fiancée; le cortége doit être prêt à se mettre en marche.

Ils sortent.

SCÈNE II.

LA FOLIE *et les* JEUNES ÉTUDIANTS.

LA FOLIE, *paraissant.* Ah! vilain fat! tu veux une maîtresse et une femme? Sois tranquille, je veillerai sur l'une, et je vais égayer les noces de l'autre. Avez-vous vos instruments?

LES ÉTUDIANTS. Les voilà?

Ils font voir des casseroles, des poêles, des poêles, tous les instruments d'un charivari.

LA FOLIE. Bien! Ah! vieille folie, tu vas voir comme tes étudiants fêtent les mariages bien assortis.

Air : *Non, non, point de pardon.*
Pan, pan,
C'est en frappant
Que l'harmonie
Aujourd'hui prend sa vie,
Pan,
Pan,
Que l'harmonie
Nous brise le tym...a.

LA FOLIE.
Nous avons vraiment
Un joli talent!
Comme au grand concert
La valise nous sert,
Avec nos chaudrons,
La... nous donnerons
A l'heureux mari
Un charivari,
Pan, pan, etc.

A merveille! nous allons nous en donner; voilà le cortége qui s'avance; à nos postes.

SCÈNE III.

Le cortége paraît. RODRIGUEZ *et deux* ALGUA-ZILS *marchent à la tête;* SOTTINEZ *donne la main à* SARAH, *qui est vêtue de brillants habits qui font encore ressortir sa laideur. Des* INVITÉS, *des* LAQUAIS, *et quelques* ALGUA-ZILS *viennent ensuite.*

CHŒUR.
Marche du Calife.
Cet auguste hyménée,
Formé par les amours,
Doit à la mariée
Promettre d'heureux jours.
Venez à ce grand âge
Sans faire un seul faux pas,
Elle doit être sage,
On l'on en verra pas.

Lorsque le cortége est arrivé auprès de l'église, les Étudiants, cachés dans tous les coins, paraissent et donnent leur charivari.

SOTTINEZ. Quelle cacophonie!... Rodriguez, courez sus à ces petits garnements!... qu'il n'en échappe pas un!...

LA FOLIE. Là, là, seigneur Sottinez, ne vous fâchez pas. Nous nous retirons, mais vous nous reverrez encore.

Air : *Allons-nous-en, gens de la noce.*
Nous souhaitons, selon l'usage,
Aux mariés des descendants;
De leur mère c'est tout l'usage,
Ils seront de jolis enfants,
D'jolis enfants
D'charmants enfants.

ENSEMBLE.
Nous souhaitons, etc.

SCÈNE IV.

LES MÊMES, *excepté* LA FOLIE *et les* ÉTUDIANTS.

SOTTINEZ. Je suis dans une fureur!...

SARAH. Calmez-vous, mon ami... dans le voisinage d'une église, je perds mon pouvoir; mais nous verrons plus tard... Entrons, entrons.

SOTTINEZ. Babilas, toi, mon garçon, reste là, sur cette place; et si les vauriens revenaient, va chercher le corrégidor et la force armée.

Reprise de la marche.
Cet auguste hymen..., etc., etc.

SCÈNE V.

BABILAS, *seul.*

Je donnerais bien quelque chose pour que ces mariages-là soient finis. Avant toutes ces bêtises, j'étais un garçon apothicaire, vivant tranquillement dans son laboratoire; je faisais de la science!... à présent, je fais des courses... j'avais mes quatre repas bien réguliers; à présent, je ne sais vraiment pas comment j'existe. (*Au public.*) Vous avez pu remarquer une chose; c'est que je me mets souvent à table et que je ne mange jamais... Je ne sais pas si ça vous amuse, mais ça ne me fait pas rire du tout... J'ai envie, pendant la cérémonie, de voir s'il n'y aurait pas moyen de casser une croûte.. Voilà justement un marchand de vin où je trouverai ce qu'il me faut! essayons encore. (*Il s'approche de la petite maison du fond.*) Hé! la maison, y aurait-il moyen de se rafraîchir ici?

UNE FEMME, *d'une taille ordinaire, sortant.* Oui, seigneur; que voulez-vous?

BABILAS. Une bouteille de Xérès et une alla podrida.

LA FEMME. Vous allez être servi.

BABILAS. Elle a l'air assez naturel; il n'y a pas trop de diablerie là-dedans... Puisque je vais enfin goûter à quelque chose, n'oublions pas les affaires de mon maître... Voyons ce qui se passe à l'église (*Pendant qu'il est allé à l'église, la maison grandit de moitié. Revenant.*) Eh bien, petite mère, sommes-nous prêts? (*Il aperçoit une énorme femme sur la porte.*) O mon Dieu! qu'est-ce que c'est que ça?... une Patagonne...

LA GRANDE FEMME. Que demandez-vous, jeune seigneur?

BABILAS. Quelle voix suave! mais j'y songe; si les morceaux sont en proportion de la marchande, je n'y perdrai pas.. Je veux une bouteille de Xérès et une alla podrida (*La grande femme, avec un garçon aussi grand qu'elle, apporte une énorme table, à laquelle Babilas ne peut at-*

teindre.) Quand je disais que ça finirait par des farces! c'est de plus fort en plus fort; je ne puis même pas me mettre à table... autant vaudrait me servir sur la porte Saint-Denis... Allez au diable et remportez tout cela. (*On emporte la table, et la maison devient extrêmement petite.*) Au fait, je suis un imbécile; avec une échelle j'aurais pu prendre ce qui était sur la table... Dites donc, vous autres... (*Il se retourne et aperçoit la petite maison.*) Allons, voilà une maison de marionnettes, à présent!

UNE TOUTE PETITE FEMME. Que voulez-vous, mon beau seigneur?

BABILAS. Eh bien! j'y mettrai de l'entêtement... j'irai jusqu'au bout. Ma petite dame, je voudrais une bouteille de Xérès et une alla podrida.

LA PETITE FEMME. Vous allez être servi...

BABILAS. On va m'apporter un dîner de colibri ou d'oiseau-mouche, bien sûr. (*La petite femme apporte une toute petite table, une très-petite bouteille et un petit plat. S'asseyant par terre.*) Qu'est-ce que je disais! le repas ne sera pas long!

Au moment de manger, la Folie, reparaissant avec les Écuyers, renverse la table, et Babilas ne mange pas.

SCÈNE VI.

SOTTINEZ, SARAH *et* LES INVITÉS, *sortant de l'église;* LA FOLIE *et* LES ÉTUDIANTS *reparaissent;* MAGLOIRE, *entrant aussi.*

LA FOLIE. Vive le seigneur Sottinez! gloire à sa charmante épouse! Seigneur marié! voici de jeunes seigneurs qui demandent à danser à vos noces.

MAGLOIRE. Ah! bien! bon! c'est la noce de l'hidalgo.

SOTTINEZ. Voulez-vous bien vous retirer, petits tapageurs! (*A un domestique.*) Faites avancer mon carrosse. (*A Sarah.*) Ma toute belle, montez dans cette voiture qui nous attend; nous éviterons les criailleries de ces petits drôles.

Des Laquais ouvrent la voiture. Sottinez, Sarah et un autre invité montent.

LA FOLIE. Bon voyage, seigneur Sottinez.
Air : *Postillon de madame Ablou.*
Nous fêtons votre noce,
C'est un bienheureux moment!
Dans ce joli carrosse
Montez, couple charmant,

LA FOLIE.
Cocher, de tes chevaux
Excite un peu l'ardeur...
Qui craindrait les cahots
Près de former folie?

A ce moment, les chevaux arrachent le siège et les roues de devant. Les roues de derrière se sauvent avec les laquais; la caisse du carrosse se change en un puits où tombent les époux et ceux qui les accompagnent.

REPRISE ENSEMBLE DES GENS DU CORTÉGE.
Ah! Dieu! quelle aventure!...
Les mariés sont gentils,
La noce et la voiture
Tout est au fond du puits!

On retire Sarah, qu'on emporte; elle est toute mouillée. Rodriguez est retiré aussi. Sottinez est retiré par les étudiants.

LA FOLIE. Mes amis, il n'y a pas de moyen meilleur pour le sécher que de le faire courir... Sus! sus au marié!...

LA FOLIE.
Air : *Tentation de saint Antoine.*
Courez vite... prenez le patron,
Et faites-le-moi danser en rond!
Courez vite, prenez le patron;
Et faites-le danser en rond;
Bon!

SOTTINEZ. Mauvais garnements, laissez-moi donc!

LES ÉTUDIANTS.
Non, tu danseras,
Tu valseras,
Tu sauteras! (*bis*)

Ils lui font faire deux ou trois fois le tour du théâtre, enfin Sottinez se jette dans la fontaine, qui se change en une boutique de savetier; Sottinez est transformé en savetier.

SOTTINEZ, *chantant et frappant.*
C'est dans la ville de Bordeaux
Qu'il arrive trois beaux vaisseaux...

LA FOLIE, *à part.* Sarah, assez éloignée du lieu saint pour reprendre sa puissance, a tiré Sottinez de ce mauvais pas. Allons maintenant nous occuper d'Isabelle. (*Haut.*) Adieu, mes amis; la campagne est finie.

Elle sort.

MAGLOIRE, *qui s'était mis aussi à la poursuite de Sottinez.* Ah ça, mais voilà un savetier qui va nous dire où ce qu'il est fondu le marié. Dites donc, bon homme?

SOTTINEZ, *sortant de la boutique.* Qu'est-ce que vous voulez, mes bonnes gens du bon Dieu?

MAGLOIRE. As-tu vu un hidalgo que nous venons de tirer de l'eau?

SOTTINEZ. Je n'ai rien vu du tout. Laissez-moi reporter mon ouvrage, car je travaille et va-t-en ville.

RODRIGUEZ. Laissez-le partir et épongez-moi!

SOTTINEZ. Adieu, mes bons seigneurs!... Vous me payerez tout cela!

Il sort en chantant.

SCÈNE VII.
MAGLOIRE, RODRIGUEZ.

MAGLOIRE, *allant à Rodriguez, qui tout mouillé s'est tenu dans un coin.* Vous étiez donc de la société aussi? je ne vous en fais pas mon compliment; il paraît que le guignon ne vous lâche pas non plus.

RODRIGUEZ. C'est pourtant ce vieux Seringuinos qui m'a jeté dans toutes ces tribulations.

MAGLOIRE. C'est vrai; Seringuinos est un vieux gueux! c'est lui qui a causé toutes nos infortunes. Ah! scélérat d'apothicaire! si je pouvais le rattraper!

À ce moment paraît Seringuinos couché sur un chariot à quatre roues; il est sur des paquets de linge. Une petite Blanchisseuse conduit le cheval.

SERINGUINOS. Mes amis, suis-je encore loin de Madrid?

MAGLOIRE. Ah! le voilà, le vieux cancre!
SERINGUINOS. C'est Magloire.

MAGLOIRE, *arrachant à Rodriguez le grand sabre qu'il porte.* C'est le ciel qui nous l'envoie. L'apothicaire y passera, il faut que j'en purge la terre.

Il court à lui, et d'un coup de sabre coupe en deux le chariot et Seringuinos; une moitié du corps s'en va avec les roues de devant, et l'autre moitié avec les roues de derrière.

SERINGUINOS. Babilas! Babilas! du baume! du baume!

MAGLOIRE, *essuyant le sabre de Rodriguez et le lui rendant.* Votre sabre a un fier fil, militaire.

SCÈNE VIII.
SOTTINEZ, BABILAS, DES ALGUAZILS, DES LAQUAIS, LE GNÔME.

SOTTINEZ *a repris son costume ordinaire.* Où sont-ils ces petits messieurs? je vais leur donner la férule. Ah! Rodriguez, venez vous mettre à la tête de votre valeureuse troupe... Toi, Babilas, tu commanderas ma livrée, que j'ai fait armer en guerre.

SCÈNE IX.
LES MÊMES, ALBERT, LES ÉTUDIANTS, LE GNÔME.

ALBERT. Ah! je vous trouve enfin, seigneur Sottinez! il est temps que tout ceci finisse! cette rivalité ridicule doit avoir un terme... allons, l'épée à la main! vous devez être las de tous ces sortiléges qui, se combattant tour à tour, n'amènent aucun résultat; ici il ne faut qu'un bon bras et un cœur ferme... Allons!

SOTTINEZ. Voilà un fort beau discours! mais je ne me battrai point! je n'ai pas l'habitude de faire ces choses-là moi-même; voici mon domestique, qui s'en acquittera fort bien.

BABILAS. Comment! vous voulez que je me batte ou plutôt que je me fasse battre par le seigneur Albert?

SOTTINEZ. Mais non, jeune sot! c'est contre le domestique de monsieur que tu te battras, contre Magloire.

MAGLOIRE, *imitant Sottinez.* Je déclare que je ne me battrai point! je ne fais pas ces choses-là moi-même (*Montrant le Gnôme.*) Voici monsieur le Gnôme qui s'en acquittera fort bien!

BABILAS C'est une idée ça. (*Montrant l'autre Gnôme.*) Et voici monsieur qui ne vous craint pas!

ALBERT. Trêve de mauvaises plaisanteries; en garde!

LES ÉTUDIANTS. Non, non, laissez faire! laissez faire!

Combat comique de deux Gnômes; le Gnôme de Sottinez est vaincu.

ALBERT. À votre tour, Sottinez!
SOTTINEZ. Non pas! à moi, alguazils!

Albert et les Étudiants tombent sur les Alguazils et Sottinez. Bousculade générale. Le théâtre change.

QUATRIÈME TABLEAU.
LA NUIT DES NOCES.
Une petite chambre à coucher gothique.

SCÈNE PREMIÈRE.
ISABELLE.

Enfermée!... je suis enfermée dans ce château!... Je suis au pouvoir de Sottinez... Oh! mais je sais un moyen de recouvrer ma liberté... Ils n'ont pas cadenassé cette fenêtre, et je puis, en me précipitant du haut de ce balcon... (*Elle va se lancer, lorsqu'une lettre attachée à une pierre est jetée dans la chambre.*) Une lettre d'Albert! Oh! dois-je encore espérer?... (*Elle lit.*) « Mon Isabelle, nos tourments vont finir... » Votre père, que j'ai pu rejoindre, a été touché de mes prières; soit tendresse pour vous, » soit fatigue, il ne résiste plus, il consent à notre » union. Je voulais aussitôt escalader les murs de » votre prison, notre protectrice m'a retenu. » Le pouvoir de Sarah, m'a-t-elle dit, renver- » serait encore vos espérances; mais, grâce à » moi, ce pouvoir lui échappera cette nuit même; » alors la victoire contre Sottinez sera certaine... » imitez-moi, mon Isabelle; mais soyez certaine » que cette épreuve sera la dernière. Votre amant, » votre époux,

» ALBERT. »

SCÈNE II.
ISABELLE, BABILAS.

ISABELLE. Ah! c'est toi, Babilas... Viens-tu me rendre libre?

BABILAS. Tout au contraire... Je suis à présent dévoué, corps et âme, au seigneur Sottinez, qui est riche comme un Crésus et puissant comme un sorcier... Je viens par ses ordres vous prendre, et je vais vous conduire dans une partie de ce magnifique château, qu'on a bâti en vingt-quatre minutes, tout juste pour la célébration des noces de don Sottinez et de doña Sarah.

ISABELLE. Comment! don Sottinez se marie?
BABILAS. Il est marié à très-peu de chose près.
ISABELLE. Je suis sauvée alors!

BABILAS. Du tout... Sa femme ayant mille à onze cents ans de plus que lui, vous comprenez qu'il n'a fait qu'un mariage de raison... Il compte bien vous épouser par amour; et comme les lois espagnoles défendent le cumul en fait d'épouses, le seigneur Sottinez, après le premier quartier de la lune de miel, s'embarquera pour Constantinople, charmant pays où l'on peut changer de femmes comme de bonnets... Mais, chut! voici les mariés qui viennent prendre possession de leur appartement. Je vais vous conduire dans le vôtre.

BABILAS. O Albert!... Albert!...

Babilas emmène Isabelle; la porte du fond s'ouvre à deux battants; on voit paraître un cortège brillant; Sottinez et Sarah: on allume les bougies, on tire les rideaux du lit, tout le monde se retire.

SCÈNE III.
SOTTINEZ, SARAH.

SOTTINEZ. Vous m'indemnisez noblement des dernières persécutions de mon mauvais génie... Je suis en admiration devant mon château, don magnifique que vous m'avez fait, chère épouse, et que tous les passants admirent; ils n'en ont jamais vu de cette forme... Votre architecte doit être un drôle de corps; il ne fait rien comme les autres.

SARAH. J'ai voulu te donner une preuve de mon attachement.

SOTTINEZ. Moi, de mon côté, je vous ai fait apporter une corbeille de mariage.

SARAH. C'est fort galant!... Je veux voir tout de suite ce qu'elle contient. (*Elle ouvre la corbeille.*) Que vois-je? de la poudre... un tour... des mouches... une tabatière et des lunettes... C'est la défroque de votre grand'mère que vous m'apportez là!

SOTTINEZ, *à part.* Tout cela me paraît être assez de circonstance.

SARAH. Don Sottinez, voilà le cas que je fais de votre corbeille. (*Elle ouvre la fenêtre et jette la corbeille.*) À présent que nous sommes seuls, vous allez, je l'espère, quitter ce ton froid, ces manières glaciales... Allons, voyons, monsieur, parlez-moi comme à votre petite femme; car je suis votre petite femme.

SOTTINEZ. Oh! voilà le moment fatal!

SARAH. Allons, embrassez-moi... je vous le permets.

SOTTINEZ. Certainement je n'abuserai pas de mes droits... Je n'effaroucherai pas votre pudeur.

SARAH. Sottinez, vous m'ennuyez; embrassez-moi... je le veux.

SOTTINEZ. Il me passe un frisson partout?

SARAH. Insensé! tu hésites... Si tu savais le bonheur qui t'attend!

SOTTINEZ. Peste! quel bonheur!... Enfin je fermerai les yeux.

SARAH. Allons donc!

SOTTINEZ, *s'approchant et puisant pour l'embrasser.* Ouf!... (*Aussitôt les rides, les cheveux blancs et les vêtements de Sarah disparaissent. Elle apparaît jeune, fraîche et jolie.*) Que vois-je?

SARAH. Oh! la prédiction s'est accomplie?... Je suis jeune... jeune, n'est-ce pas?... Oh! oui, je le sens là (*elle met la main sur son cœur*) et là. (*Elle met la main sur son front.*)

SOTTINEZ. Dors-je tout debout?

SARAH. Je dois être jolie, n'est-ce pas? aussi jolie qu'autrefois?

SOTTINEZ. Je ne peux pas vous dire... Il y a longtemps... mais vous êtes ravissante.

SARAH. Un miroir, Sottinez! vite, un miroir!

SOTTINEZ. Voilà, voilà.

SARAH. Plus de rides, plus de cheveux blancs! mon teint a repris sa fraîcheur, ma taille son élégance; n'est-ce pas, Sottinez, que je suis jolie?

SOTTINEZ. Charmante!

SARAH. N'est-ce pas que vous ne vous repentez plus de m'avoir épousée?

SOTTINEZ. Au contraire.

SARAH, le regardant. Laissez-moi donc vous examiner à mon tour.

SOTTINEZ. Examen... ? chère amie.

SARAH, soupirant. Ah! quel dommage qu'Albert n'ait pas voulu me rajeunir! je veux souper, je veux boire du champagne, je veux vous griser pour vous rendre aimable, si c'est possible.

SOTTINEZ. Chère amie, j'aimerais mieux reprendre la conversation de tout à l'heure.

SARAH. Nous aurons le temps; je veux souper, vous dis-je, et je veux du champagne surtout... Allons, qu'on me serve.

SOTTINEZ. Quel démon!

Sarah a sonné; on voit sortir du plancher une table servie.

SARAH. Allons, faites sauter les bouchons et versez... versez à plein verre... Mais buvez donc.

SOTTINEZ. Le champagne m'incommode; j'aimerais mieux causer.

On frappe à la porte

SARAH. Qui frappe?

SOTTINEZ. Ça m'est égal.

SARAH. Il faut ouvrir.

SOTTINEZ. Du tout! la nuit de ses noces, on n'y est pour personne.

SARAH. Moi, j'y veux être pour tout le monde. Il y a si longtemps qu'on me voit vieille et laide... je veux enfin qu'on me voie jeune et jolie... Ouvrez, je le veux.

SCÈNE IV.

Les Mêmes, LA FOLIE, en costume de petit tambour.

LA FOLIE. Faites excuse, commandant et la compagnie!

SARAH. Tiens! c'est un petit jeune homme.

SOTTINEZ. Qui es-tu? que veux-tu?

LA FOLIE. Je m'appelle Chérubin, je suis tambour de la compagnie d'alguazils du signor Rodriguez, et je viens chercher l'ordre.

SOTTINEZ. Pourquoi ne l'est-il pas venu chercher lui-même?

LA FOLIE. Parce qu'il fait une partie de drogue et qu'il a un nombre infini de pincettes sur le nez.

SOTTINEZ. Voilà un château bien gardé! Attendez-moi là, petit, je vais t'écrire le mot d'ordre.

SCÈNE V.

LA FOLIE, SARAH.

LA FOLIE, à part. Si tu ne restes pas fidèle à Sottinez, tu perds ta toute-puissance, Sarah. A nous deux. (Haut.) Pardon, excuse, commandante; vous étiez en train de vous marier, et je vous ai dérangée peut-être.

SARAH. Non, mon ami; tu ne pouvais venir plus à propos, au contraire.

LA FOLIE, regardant Sarah. Cristi! quel dommage qu'on ne fume pas devant les dames! je vous aurais demandé la permission d'allumer mon cigare à vos yeux, commandante.

SARAH. Tiens, il est galant le petit militaire... Quel âge as-tu, mon garçon?

LA FOLIE. Dix-sept ans, commandante.

SARAH. Pourquoi t'es-tu fait tambour?

LA FOLIE. Par amour pour le beau sexe. Je me disais: Avec ma caisse j'obligerai les femmes à tourner la tête de mon côté, et comme je ne suis pas trop mal, il m'en revendra peut-être quelque chose. Eh bien! commandante, ça ne m'a pas réussi du tout. Voilà deux mois que je suis tambour, je fais des roulements à m'engourdir les poignets, et je n'ai rien attrapé, pas la plus petite œillade. (Soupirant.) Et ce n'est pourtant pas faute de bonne volonté. O Dieu! c'est si joli une jolie femme!... Vos-z-yeux, si j'avais été à la place du commandant, je me serais fait sauter par la fenêtre pour... être venu me déranger au moment de... air... vous, je crois qu'il est un peu melon... commandant.

SARAH. Chut... l'entendait... Attends; pour qu'il nous laiss... canailles, je vais le faire dormir.

LA FOLIE. Dormir... il pourra dormir entre une femme comme vous et des bouteilles fleuries comme celles-ci!... Mille-z-yeux! moi, dans cette société-là, je resterais éveillé toute ma vie.

SARAH. Il dort et n'entendra pas tirer le canon. Dis-moi, petit; je suis sûre que tu aimes le champagne, toi?

LA FOLIE. Commandante, l'amour et le champagne me sont deux voluptés parfaitement inconnues.

SARAH. Je vais t'en faire goûter.

LA FOLIE. De quoi?

SARAH. Du champagne: tiens, prends ce verre et bois.

LA FOLIE. Ah! que c'est gentil... ça pique la langue et ça chatouille le gosier.

SARAH. Bois encore.

LA FOLIE, s'égayant. Ah! mais, dites donc, commandante, ça va m'étourdir, et alors je me connais, je dirai des bêtises.

SARAH. Tant mieux! ça m'amusera.

LA FOLIE. Oui, mais j'en ferai peut-être.

SARAH. Ça m'amusera encore.

LA FOLIE. Eh bien! alors, je vais boire à même la bouteille, ça ira plus vite... Ah ça, et votre mari?

SARAH. Il dort.

LA FOLIE. Voilà un jobard de commandant!... Ah! si j'étais seulement capitaine...

SARAH. Que ferais-tu?

LA FOLIE. Je vous enlèverais, ma commandante.

SARAH. Toi!

LA FOLIE. Oui, moi. Pour vous, belle des belles, je me ferais fusiller.

SARAH. Fusiller!

LA FOLIE. Trois fois plutôt qu'une. J'ai bu du champagne; à présent qu'une femme m'aime seulement vingt-quatre heures, et je donne après cela ma vie à qui voudra la prendre.

SARAH. Comment! pour moi tu risquerais...

LA FOLIE. Tout.

SARAH. Tu m'aimes donc?

LA FOLIE. Écouter, commandante, pour vous je déserterais... je donnerais mes moustaches, si j'en avais... je tuerais mon commandant. Grâce à vous, j'ai la tête à l'envers, le cœur qui me brûle, les mains qui me démangent. Auprès de vous, je ne sais plus ce que je dis... je ne sais plus ce que je fais, je ne sais plus ce que je pense... Dam, si tout ça n'est pas de la folie, ça doit être de l'amour, commandante.

SARAH. Oui, c'est de l'amour... de comme j'en voulais inspirer moi-même. Pauvre c...

...rait sa vie, et j'hésiterais à sacrifier ma puissance! je vivrais éternellement... pour être éternellement avec un sot!... Non, non,... je suis jeune, eh bien! à moi tous les plaisirs, toutes les extravagances de la jeunesse...

LA FOLIE, à part. Je la tiens!... Sottinez, je t'enlève ta femme et ta puissance.

SARAH.
Air: *Avec l'amour et l'amitié.*
Age, je cède à la tendresse,
Ensemble enfin nous allons fuir.

LA FOLIE.
Quoi! pour moi, si belle maîtresse!

SARAH.
Allons, vite, il nous faut partir.

LA FOLIE.
Eh! mon bonheur est de l'ivresse,
Et c'est vraiment pour en mourir.

SARAH.
Le bonheur ne fait pas mourir,
Pour moi je perds mon vie éternelle;
Mais que m'importe! à présent je suis belle,
Et si pour toi je fais une folie,
Avec l'amour il n'est rien qu'on n'oublie.
Partez, sagesse, avec mes cheveux blancs;
Plaisirs, amour, revenez; j'ai vingt ans.

ENSEMBLE.
Partez, sagesse, avec les cheveux blancs;
Amour, reviens; elle n'a que vingt ans.

A la fin du duo, la Folie et Sarah se sauvent; à peine sont-elles parties, que la foudre gronde et éclate.

SCÈNE VI.

SOTTINEZ, *sortant du cabinet où il s'est endormi.*

Qui est-ce qui vient d'éternuer?... Comme il fait noir ici!... Est-ce que ma femme serait couchée?... Sarah!... charmante Sarah! c'est ton époux qui t'appelle... Personne ne répond!... Babilas!... Rodriguez!... Mais où sont-ils donc?... (*Le fond du théâtre s'élève et laisse voir un grand transparent; en haut, l'énorme mâchoire d'un grand diable.*) O mon Dieu! que vois-je là? Babilas!... (*En ce moment Babilas paraît et saute dans la gueule du grand diable, qui se referme.*) Seringuinos! (*Même jeu.*) Rodriguez! (*Rodriguez et ses Alguazils sautent l'un après l'autre.*) Il les avalera tous!... Épargnez au moins ma jolie Sarah! (*A ce moment Sarah et le petit tambour sautent ensemble dans la gueule du diable.*) Ma femme avec le petit tambour! Ah! je veux les... c'est une horreur... c'est une atrocité... avant la noce!... (*Il saute lui-même.*) Mon Dieu! qu'est-ce qui me pousse comme ça?... où vais-je? où cours-je?

CINQUIÈME TABLEAU.

Sottinez est entraîné; aussitôt le théâtre change et représente l'empire de la Folie; des Arlequins, des Pierrots, des Polichinelles, etc., remplacent les statues et les cariatides qui ornent les jardins; l'architecture est composée de joyeux attributs; l'aspect de ce lieu rappelle toutes les joies des temps de folie. Albert et Isabelle sont à genoux devant Seringuinos, qui les unit; Magloire et Babilas se tiennent tendrement embrassés; Sottinez tient Sarah par les deux mains pour qu'elle ne lui échappe pas; Rodriguez et ses Alguazils sont derrière Sottinez. La Folie domine ce tableau.

LA FOLIE. Albert, je t'ai tenu parole! Seringuinos te donne Isabelle... Sarah! en échange de ton pouvoir, tu as de la jeunesse et de beauté, et un imbécile pour mari; tu ne me dois que des remercîments. Maintenant que tout le monde est heureux, je veux qu'une fête générale célèbre mon triomphe. Prenez place à mes côtés et vous, mes sujets, amusez-nous.

DIVERTISSEMENT.

FIN.

NOUVELLE GALERIE

DES

ARTISTES DRAMATIQUES

VIVANTS

Cette nouvelle Galerie contiendra successivement

LES PORTRAITS EN PIED DES PRINCIPAUX ARTISTES DRAMATIQUES DE PARIS

PEINTS ET GRAVÉS SUR ACIER

PAR

CH. GÉOFFROY.

CHAQUE PORTRAIT EST

ACCOMPAGNÉ D'UNE NOTICE BIOGRAPHIQUE ET D'UNE APPRÉCIATION LITTÉRAIRE

CONTENANT DES DÉTAILS PARTICULIERS SUR LA VIE DE L'ARTISTE

PAR

Alexandre Dumas, Albert Cler, Arnould, de Banville, Bouchardy, Coualibou, E. Arago,
Florentino, Fournier, Frédérick Lemaître fils, G. Bell, Guinot, H. Lucas, H. Monnier, H. Rolle, J. Janin,
Jules de Prémaray, Lefranc, Marie Aycard, Paul de Kock, Phil. Boyer, Plouvier,
Salvador-Tuffet, Th. Gautier; Mlles Annis Ségalas.

Il paraît une Livraison chaque semaine.

PRIX DE CHAQUE LIVRAISON : 50 CENTIMES.

SONT EN VENTE !

Acteurs.	Auteurs des Notices.	Acteurs.	Auteurs des Notices.	Acteurs.	Auteurs des Notices.
1. GEOFFROY	Lefranc.	28. Mlle FERNAND	Salvador.	55. Mme LAUTERS	Georges Bell.
2. ALINE	Lefranc.	29. FRED.-LEMAITRE	Ed. Plouvier.	56. PAUL LEGRAND	Th. de Banville.
3. RAVEL	H. Rolle.	30. ROUGNE	Savin Lapointe.	57. Mlle BAUMAN	Philot. Boyer.
4. GRASSOT	Lefranc.	31. FELYELLE	Marle.	58. Mlle ROSATI	Philot. Boyer.
5. BOUTIN	Ed. Plouvier.	32. PROVOST	Max. de Revel	59. Mlle BERENGÈRE	G. Vaez.
6. CHILLY	Arnould.	33. BEAUVALLET	Aug. Arnould.	60. GEORGE WEISER	Ed. Plouvier.
7. HYACINTHE DUFLOST	Gouvert.	34. Mlle HERBODEAU	Savin Lapointe	61. ROUVIÈRE	Ch. Baudelaire.
8. SAINVILLE	Coualibou.	35. MEISSONIER	Ed. Plouvier.	62. ALBONI	Georges Bell.
9. Mme GUYON	H. Rolle.	36. Mlle DEJAZET	E. Guinot.	63. PETIPA	Georges Bell.
10. MURGER	Albert Cler.	37. SERRES	Paul de Kock.	64. Mme CERRITO	Philot. Boyer.
11. Mlle THUILLIER	Théodore Anne.	38. BRESSANT	H. Monnier.	65. NINA	Philot. Boyer.
12. LOGIER	H. Rolle	39. ROGER	Coualibou.	66. Mlle JUDITH	Th. de Banville.
13. H. MONNIER	H. Monnier.	40. LEGRIVES aîné	Salvador.	67. F. PYRRAUX	Philot. Boyer.
14. LAURENT	Ch. Desnoyers.	41. SAMSON	Max. de Revel.	68. Mlle PLESSIS	Philot. Boyer.
15. E.-A.COLBRUN	Ext. du Mousquetaire.	42. SAINT-ERNEST	Aug. Luchet.	69. Mme DOCHE	Philot. Boyer.
16. Mlle LUTHER	Salvador.	43. Mlle PÉRON	Georges Bell.	70. Mlle AZEMONBAINE	Salvador.
17. Mme ARNAULT	Fr.-Lemaître fils.	44. BIGNON	Philot. Boyer.	71. Mlle FARGUEIL	Philot. Boyer.
18. ARNAL	Briseuil.	45. BOUFFÉ	Salvador.	72. Mlle C. DUVERET	Georges Bell.
19. Mme LAURENT	F. Dugué.	46. LAFERRIÈRE	Georges Bell.	73. Mme VIARDOT	Georges Bell.
20. LEMEUR	N. Fournier	47. Mme MARIE-CABEL	Max. de Revel.	74. Mme ALLAT	Th. de Banville.
21. CLARISSE MIROY	Mme A. Ségalas	48. KIM	Ed. Verner.	75. LASAGNE	Th. de Banville.
22. LAVASSOR	Savin Lapointe	49. LAFONTAINE	Philot. Boyer.	76. DUPUIS	Philot. Boyer.
23. TISSERANT	J. de Prémaray.	50. Mme ROSE CHERI	Jules Albert.	77. GEOFFROY	Georges Bell.
24. FRANCISQUE	Paul de Kock.	51. BARRÉ	[illegible]	78. Mlle L. CONSTANT	A. Dumas.
25. LESUEUR	Salvador.	52. Mme UHALDE	[illegible]	79. GUYMARD	Philot. Boyer.
26. LUCIE MABIRE	Philot. Boyer.	53. Mme RISTORI	[illegible]	80. Mlle CROVELLI	Philot. Boyer.
27. FERTEL	Salvador.	54. Mme STOLTZ	Ed. Plouvier.	81. DUMAINE	Salvador.

Paris. — Imprimerie Walder, rue Bonaparte, 44.